MAXIMILIAN KELLNER

ABSATZPROGNOSE IM AUTOMOBILMARKT

BETRIEBSWIRTSCHAFTLICHE FORSCHUNGSBEITRÄGE

Herausgeber:

Dr. Christoff Aschoff

Dr. Peter Müller-Bader

Band 28

Diese Arbeit wurde 1987 als Dissertation von der Fakultät für Betriebswirtschaftslehre der Universität München angenommen.

CIP-Kurztitelaufnahme der Deutschen Bibliothek

Kellner, Maximilian:
Absatzprognose im Automobilmarkt / von Maximilian Kellner. - München : GBI-Verl., 1987.
(Betriebswirtschaftliche Forschungsbeiträge ; Band 28)
ISBN 3-89003-028-9
NE: GT

Umschlaggestaltung:

Andreas Lukoschik

Widmung

Meinen Eltern
meiner Frau Corinne
und meinem Bruder Peter

VORWORT

Die nachfolgende Dissertation ist in Zusammenarbeit mit und für Praktiker entstanden. Sie soll als Beispiel dienen, wie das Problem einer Absatzprognose angegangen werden kann. Insofern ist eine Branchenbindung nicht vorgegeben. Die Ergebnisse der Arbeit sind aber auch für all diejenigen interessant, welche keine modellgestützte Absatzprognose betreiben wollen, sondern die gewonnenen Erkenntnisse in ihre - beispielsweise subjektiv - zu erstellenden Marktprognosen einfließen lassen wollen.

Für zahlreiche Anregungen, konstruktive Kritik, Offenheit und persönliche Bemühungen möchte ich Herrn Professor Hanssmann herzlich danken.

Danken möchte ich weiterhin allen Praktikern, die mir mit Freundlichkeit und Hilfsbereitschaft begegnet sind, insbesondere aber Herrn Didion und dem betreffenden Unternehmen selbst, die das Gelingen meiner Arbeit erst ermöglicht haben.

München, 1987 Maximilian Kellner

GLIEDERUNG

1. PROBLEMSTELLUNG

1. 1 Ziele

Bei dem in dieser Arbeit betrachteten Markt handelt es sich um Zulassungen fabrikneuer Personenkraftwagen in der BRD.

Angestrebt ist zunächst eine Prognoseaussage über das gesamte Marktvolumen, also die Frage, wieviele Personenkraftwagen in der BRD in einem bestimmten zukünftigen Zeitraum zugelassen werden.

In einem nächsten Schritt sollen Segmentpotentiale prognostiziert werden, welche eine schnittmengenfreie Untergliederung des Gesamtmarktes aus der Sicht eines bestimmten Automobilherstellers darstellen.

Als dritte Stufe ist eine Prognose der segmentweisen Marktanteile des Herstellers in denjenigen Segmenten, in welchen der Automobilhersteller selbst vertreten ist, angestrebt.

Diese drei Stufen haben sich aus dem Wunsch des Herstellers ergeben, den eigenen Absatz zu prognostizieren, wobei automobilmarktspezifische Variable jedoch nicht unerklärt bleiben sollten. Da *a priori* angenommen wurde, daß der eigene Absatz nicht unabhängig von der gesamten Automobilmarktkonjunktur und den Entwicklungen der einzelnen Segmente sein wird, diese Größen jedoch als zu wichtig angesehen wurden, als daß sie exogen vorgegeben und damit unerklärt bleiben könnten, wurde auf ein Modell, welches den eigenen Absatz als abhängige Variable in einem Schritt erklärt, zugunsten der oben formulierten drei Stufen verzichtet.

Bild (1) verdeutlicht die angestrebte Prognosesystematik.

BILD 1: Prognosesystematik

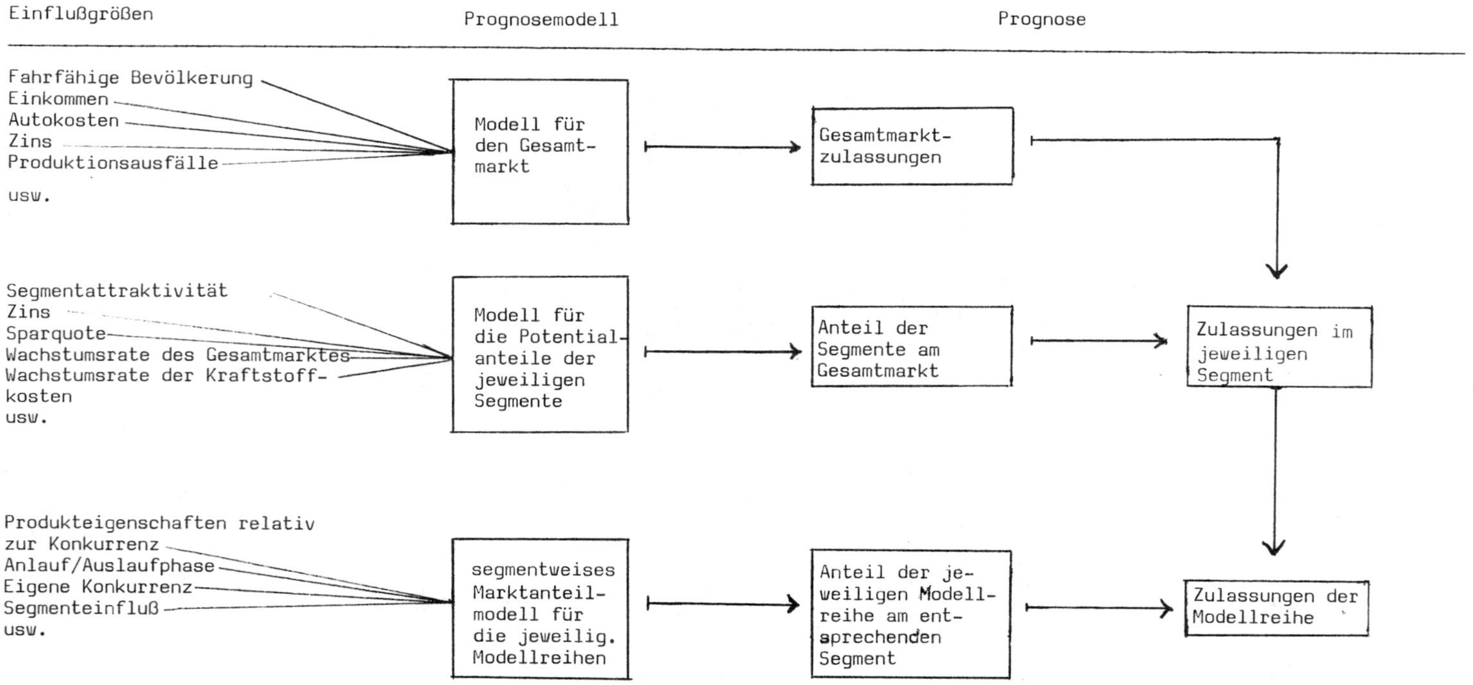

1. 2 Notwendigkeit von Marktprognosen

Zunächst ist jedoch zu klären, ob solche Prognosen überhaupt notwendig sind. Nach Hanssmann[1] gilt das Prinzip des minimalen Prognosebedarfs, welches besagt, daß nur solche Prognosen zu erstellen sind, welche gegenwärtige Entscheidungen beeinflussen.

Bei Absatzprognosen, um die es sich hier handelt, welche beispielsweise Grundlage für Kapazitäts- und Produktionsentscheidungen sind, ist die obige Bedingung zweifellos erfüllt. Am Beispiel Kapazitätsplanung läßt sich auch unschwer erkennen, daß solche Prognosen eine quantitative Aussage enthalten müssen, aus der man operationale Entscheidungen ableiten kann.

[1] Hanssmann, 1978, S. 35.

2. METHODIK

2. 1 Mögliche Prognosemethoden

Nachdem nun die Notwendigkeit von Absatzprognosen erwiesen ist, stellt sich die Frage, wie man zu solchen Prognosen gelangt. Schülen[2] nennt drei mögliche Wege und deren Kritik:

(1) Direkte subjektive Schätzung durch Experten oder Delphi-Runden (subjektive Methoden);

(2) Deskription: Hier wird das Prognosedatum auf Pseudo- oder Proxyeinflüsse zurückgeführt; hierunter fallen diejenigen Verfahren (z. B. Zeitreihenanalysen), die das Prognosedatum als Funktion einer oder mehrerer Variablen abbilden, die nicht in kausalem Zusammenhang mit dem Prognosedatum stehen.

(3) Zurückführen auf ursächliche Einflußgrößen; hier wird eine mathematische Relation zwischen dem Prognosedatum und Größen, mit denen es im Zusammenhang steht und die von der Substanz her als Ursache für das Prognosedatum angesehen werden können, hergestellt.

Zu (1)
Direkte Schätzung: Meist fällt diese Aufgabe im Unternehmen dem Linienmanagement zu, weil nur bei ihm hinreichend gute Kenntnisse über die Strukturen des Prognosekomplexes verfügbar sind. Diese direkte Schätzung durch einzelne Linienmanager bzw. durch Delphi-Runden ist jedoch aus mehreren Gründen problematisch:

- Führungskräfte sind häufig überlastet. Sie haben nicht die Zeit, sich in schwierige Prognosefragestellungen einzuarbeiten.

- In großen Organisationen mit genauen Abgrenzungen von Kom-

[2] Schülen 1985, S. 23ff.

petenz und Verantwortung ist oft die Scheu zu beobachten, sich mit der Nennung einer Zahl festzulegen und später dafür zur Rechenschaft gezogen werden zu können.

- Leicht verfügbare und einprägsame Informationen bestimmen die Ergebnisse des Denkens. Nicht die statistische Häufigkeit wird wahrgenommen und verarbeitet, vielmehr wird objektiv sehr unwahrscheinlichen Ereignissen subjektiv eine höhere Wahrscheinlichkeit ihres Eintretens beigelegt.

- Prognosen folgen der 'Tunnelperspektive'. Recht häufig kann man beobachten, daß subjektive Prognosen und Schätzungen sich eng an einem beobachtbaren Trend der unmittelbaren Vergangenheit orientieren, ohne daß viel für die Fortsetzung dieser Entwicklungsrichtung spricht. Gerade aber die richtige Erfassung von Trendumkehrpunkten ist eines der Qualitäts- und Beurteilungsmerkmale für alle Prognoseverfahren.

- Die Zahl der Beobachtungen und die Qualität der Daten haben nur wenig Einfluß auf die Bildung subjektiver Urteile. Die Formalisierung von Kreditwürdigkeitsprüfungen ist ein Hinweis darauf, daß ohne sie nicht alle relevanten Daten nach einheitlichen Kriterien erhoben würden und in die Beurteilung eingingen[3].

All diese Einwände rechtfertigen es dennoch nicht, Expertenurteile zu verdammen. Subjektive Schätzung und Modellunterstützung sind nicht einander ausschließende Alternativen. Vielmehr kann es unter entsprechend gestalteten Umständen durchaus zu einer fruchtbaren Symbiose zwischen subjektiven Schätzungen und Modellunterstützung kommen. Es soll hier lediglich deutlich werden, daß subjektive Verfahren alleine nicht genügen, um zu fundierten Prognosen zu gelangen.

Zu (2)
Zu den gängigen Verfahren, die eine mathematische Relation zwischen

[3] Brockhoff, 1983.

dem Prognosedatum und Einflußgrößen herstellen, die nicht als seine Ursache betrachtet werden können, also eher Stellvertreterfunktion haben, zählen beispielsweise die Verfahren der Zeitreihenanalyse (z. B. Saison oder Spektralmodelle). Die Zeit ist *per se* kein kausaler Einflußfaktor, leistet aber, weil Prozesse in der Zeit ablaufen, als Erklärungsgröße trotzdem manchmal gute Dienste.

Das Prognosedatum als Funktion von Stellvertretervariablen abzubilden ist aber für die Prognoseprobleme der Strategischen Planung nicht brauchbar, da im allgemeinen nicht sichergestellt werden kann, daß heute beobachtete Zusammenhänge, auf denen das Prognosemodell basiert, weiterhin gültig bleiben.

Zu (3)
Das Zurückführen des Prognosedatums auf Einflußgrößen, zu denen ein Zusammenhang nicht nur empirisch beobachtet wird, sondern auch theoretisch plausibel und substantiell gesichert ist, erscheint für die Zwecke der langfristigen Prognose am ehesten brauchbar zu sein, weil angenommen werden kann, daß der Zusammenhang auch in Zukunft fortbesteht. Solche kausalen Zusammenhänge könnten lediglich durch das Aktivwerden von dritten Variablen gestört werden, die bisher konstant waren und deshalb keine wahrnehmbare Wirkung auf das Prognosedatum zeigten, in Zukunft aber ihren Wert und damit auch den des Prognosedatums verändern[4]. Ausschau nach solchen dritten Variablen zu halten, ist somit ebenfalls eine Aufgabe der Strategischen Planung.

Die Einflußgrößen bleiben exogen, das heißt, sie werden durch das Modell nicht weiter erklärt. Deshalb zeigt die Reduktion des Prognosedatums auf seine Einflußgrößen für Prognosezwecke nur Erfolg, wenn diese leichter zu prognostizieren sind, als das Prognosedatum selbst[5].

Die Kausalität vollkommen zu erfassen, ist freilich ein Ideal, das immer mehr oder weniger gut approximiert werden kann. Gerade bei Markt-

[4] Siehe z. B. TRUX, KIRSCH, 1979.

[5] Zur Abbildung des Ursachenkomplexes s. WILDE, 1981, S. 54ff.

modellen, die Käuferverhalten abzubilden versuchen, stößt der Modellbauer schnell an Grenzen, denn hier Kausalität wiedergeben zu wollen, suggeriert deterministische Abläufe in der Psyche des Menschen. Verhalten ist aber nicht prinzipiell verursacht und deshalb nicht prinzipiell erklärbar[6].

Insofern bleiben auch hier als kausal bezeichnete Modelle nur beschreibende. Zum Beispiel kann niemand sagen, warum ein bestimmter Stimulus Kunden zum Kauf anregt, man kann nur mehr oder weniger zuverlässig feststellen, daß er es tut. Kann aber eine solche Kenntnis als gesichert gelten und wird sie im Prognosemodell abgebildet, so bezeichnen wir es als kausal. Anders ausgedrückt: Kausale Modelle basieren auf gesichertem Wissen, das von außen in das Modell eingebracht wurde und nicht erst bei der Modellerstellung entstand[7].

Die Modellierung des Prognosedatums kann dem Prognostiker die Arbeit erleichtern; sie darf aber nicht zu einem der folgenden Fehler führen:

(1) Betrachten nur **eines** Annahmesatzes und damit nur **eines** Prognoseergebnisses: Ein Prognosemodell ist nicht dazu da, nur ein einziges Mal verwendet zu werden. Dazu wäre der üblicherweise erforderliche Aufwand, es zu konstruieren, zu groß. Vielmehr soll es den Benutzer gerade anregen, mit ihm zu spielen und dabei zu lernen, wie es auf die Eingabe unterschiedlicher Annnahmen reagiert. Er soll dabei durch häufiges Ausprobieren ein Gefühl für das Prognosedatum und seine Abhängigkeiten entwickeln. "Weniger durch das, was das Modell an Ergebnissen vorstellt, ist es interessant, als durch das, was man . . . lernen kann"[8]. Gute Prognosemodelle sind deshalb so konstruiert, daß man alle wesentlichen Annahmen variieren kann. Sie bilden lediglich diejenigen Zusammenhänge fest und unveränderlich ab, die auch in der Zukunft als stabil angenommen werden.

[6] Steffenhagen, 1978, S. 18ff.

[7] Hanssmann, 1978 b, S. 84.

[8] Wiegert, 1976, S. 48.

(2) Vernachlässigung der Unsicherheitsbandbreite: Aus Gründen der Bequemlichkeit oder Opportunität ist manchmal zu beobachten, daß nur **ein** Wert der Prognose in der Planung weiterverarbeitet wird. Damit ist die mit der Zukunft verbundene Unsicherheit nicht etwa eliminiert, sondern unterschlagen. Risiken, die die Zukunft birgt, lassen sich dann weder erkennen noch abschätzen. Für einen Unternehmer wäre solches Verhalten grob fahrlässig[9].

[9] Vgl. HANSSMANN, 1982 S. 266.

2. 2 Die hier angewandte Methode

Da exogene Kausalmodelle als am besten tauglich erkannt wurden, wurde auch hier versucht nach dieser Methodik zu arbeiten.

Die Vorgehensweise ist nun folgende[10]:

(1) Es werden plausible Wirkungshypothesen zwischen der zu erklärenden Variablen und den möglichen Einflußgrößen formuliert.

(2) Sollten die Einflußgrößen nicht unmittelbar in quantitativer Ausprägung vorliegen, müssen sie operationalisiert werden.

(3) Die Wirkungshypothesen, das heißt, die Art und Weise, in der die Einflußgrößen auf die unabhängige Variable wirken sollen, muß mathematisch dargestellt werden. Ergebnis dieses Schrittes sind eine bzw. mehrere funktionale Beziehungen zwischen der unabhängigen Variablen und den möglichen Einflußgrößen
[z. B. $X = f_1(A) + f_2(B/C) + f_3(D)$].

(4) Getestet wird nun anhand von historischen Daten. Als Testverfahren wird hier die multiple Regressionsanalyse[11] in ihrem Spezialfall, der schrittweisen Regression[12], verwandt.

(5) Ist man nun zu einem sowohl statistisch akzeptablen, wie auch theoretisch plausiblen exogenen Prognosemodell gelangt, so basiert die Vorhersage auf den Zukunftswerten der Erklärungsvariablen.

10 Vgl. FRIEDRICHS, 1978; MAYNZ, HOLM, HÜBNER, 1982.

11 Vgl. GAENSSLEN, SCHUBÖ, 1976.

12 Vgl. SCHUCHARD-FICHER, 1985, S. 76ff.

3. GESAMTMARKTPROGNOSE AUTOMOBILMARKT BRD

Gegenstand dieses Kapitels ist die Analyse und Prognose der Zahl der vom Kraftfahrt-Bundesamt (KBA) veröffentlichten Neuzulassungen von Personenkraftwagen. Zu analysieren ist das Entscheidungsproblem des Kaufes eines fabrikneuen PKW.

3. 1 Das Problem in der Literatur

In der Literatur finden sich eine Reihe von Prognosemodellen[13] für die Gesamtmarktnachfrage. Als Einflußgrößen auf die Zahl der Neuzulassungen werden Variable genannt, welche im wesentlichen folgenden sechs Bereichen[14] entstammen:

(1) Gesamtwirtschaftliche Variable (Bruttosozialprodukt, privater Verbrauch, Volkseinkommen, verfügbares Einkommen nach der Umverteilung, Bruttomonatsverdienst, Nettolohn- und -gehaltssumme, Zinsen);

(2) Angaben über die privaten Haushalte und ihr Verhalten (ausgabefähiges Einkommen, Verbrauch, Ersparnis, laufende Aufwendungen für die Kraftfahrzeug-Haltung, deren Anteil am ausgabefähigen Einkommen, Fahrleistungen, Haltedauer in erster Hand, subjektive Einschätzungen über das Konsumklima);

(3) Preise (Indizes für die Lebenshaltung allgemein, für Kraftstoffe, Haftpflichtversicherungen, Reparaturen, Ersatzteile, fabrikneue PKWs, je einzeln und alles zusammengefaßt in den gesamten Kraftfahrzeughaltungskosten);

(4) Bestand an PKW;

(5) Gesellschaftliche Werteordnung (damit sind diejenigen Einflüs-

[13] Vgl. SCHÜLEN, 1985, S. 40ff; hier findet man einen Überblick mit Kritik.
[14] Vgl. Schülen, 1985.

se angesprochen, welche sich aus dem Wandel der Werteordnung ergeben könnten. Als Beispiel sei hier die wachsende Bedeutung des Umweltschutzes aufgeführt);

(6) Konkurrenz durch andere Verkehrsträger (Eisenbahn, Bus, Flugverkehr, Magnetbahnen usw.);

Alle dazugehörenden Modelle können hier nicht im einzelnen vorgeführt werden.
Bei Schülen[15] findet man einen Überblick und eine Kritik der wichtigsten Erklärungsmodelle zu diesem Problem. Da diese Kritik geteilt wird, möchte ich mich hier nur mit dem Modell von Schülen auseinandersetzen.

[15] Vgl. SCHÜLEN, 1985, S. 40ff.

3. 1. 1 Das Modell von Schülen

Schülen geht von folgenden Prämissen aus:

(1) Der Automobilmarkt in Deutschland ist weitgehend gesättigt. Das bedeutet, daß die Nachfrage nach Neuwagen zum allergrößten Teil durch Ersatzbedarf ausgelöst wird. Neuwagen werden gekauft, um vorhandene Fahrzeuge zu ersetzen.

(2) Es sind meistens die gleichen PKW-Halter, die sich Neuwagen kaufen und sich also nicht am Gebrauchtwagenmarkt bedienen.

(3) Wenn ein Fahrzeug, das in erster Hand gehalten wird, ein bestimmtes Alter erreicht hat, wird es durch ein neues ersetzt.

(4) Ist der Ersthandbestand überaltert, d. h. gibt es viele alte Fahrzeuge und wenige junge, so kommt es zur Hochkonjunktur in der Automobilbranche; ist er dagegen jung, stehen nur die wenigen alten Fahrzeuge zum Ersatz an, und das Volumen des PKW-Markts liegt auf niedrigem Niveau.

(5) In der Wahl des Ersatzzeitpunkts hat jeder Halter andere Gewohnheiten. Sie können sich aufgrund äußerer (z. B. konjunktureller) Einflüsse ändern. Wirtschaftliche Einflußgrößen, wie die oben angegebenen, wirken also nur mittelbar.

Diese Feststellungen wurden wie folgt angewandt:

Aus historischen Daten wurde eine Haltewahrscheinlichkeit, also die Wahrscheinlichkeit, daß ein Ersthandbesitzer sein Fahrzeug behält und **nicht** durch ein neues ersetzt, errechnet. Dabei wurde nach Fahrzeugalter unterschieden. Die Haltewahrscheinlichkeit ist für junge Fahrzeuge am höchsten, sinkt aber bis zum Alter von 5 Jahren immer weiter ab und steigt in den höheren Altersklassen wieder an. Sie unterliegt konjunkturellen Schwankungen: in schlechten Jahren ist sie hoch, in guten niedrig.

Als nächstes wurden die Zusammenhänge zwischen der Höhe dieser Wahrscheinlichkeit und konjunkturellen Größen ermittelt und mathematisch abgebildet. Erst hier waren Wirkungen von wirtschaftlichen Einflußgrößen, wie den oben genannten, nachweisbar.

Es wurde ein Modell entwickelt, das die Altersstruktur des Ersthandbestands mittels dieser Haltewahrscheinlichkeit auf das jeweils nächste Jahr fortschreibt und daraus die Zahl der Neuzulassungen, also das Marktvolumen ermittelt. Das Modell ist so konzipiert, daß man beliebige Annahmen über die oben genannten Variablen und die heutige Altersstruktur eingeben kann. Es zeigt dann die jeweiligen Auswirkungen dieser Annahmen auf das Automobilmarktvolumen.

Kritik: Das Modell kann als gelungen bezeichnet werden, da

(1) Szenario-Annahmen verarbeitbar sind, man also verschiedene Annahmen über die zukünftige Entwicklung der unabhängigen Variablen eingeben kann und

(2) das Käuferverhalten abgebildet wird.

Leichte Kritik setzt aber dennoch an folgenden Punkten an:

(1) Der in erster Hand gehaltene Bestand wird in Altersklassen eingeteilt und gemäß Haltewahrscheinlichkeit auf das nächste Jahr fortgeschrieben; für die Altersklasse 0 wird bei der Prognose jedoch nicht der aus dem Modell selbst errechnete Zulassungswert verwendet, sondern ein exogener Wert, der aus dem Regressionszusammenhang zwischen Gesamtbestand und Ersthandbestand geschlossen wird, wobei hier die exogene Variable 'Gesamtbestand' nicht näher reflektiert wird.

(2) Der Erstbestand wird nur zum Alter von 8 Jahren betrachtet. Nach dem achten Jahr scheiden Fahrzeuge aus dem Erstbestand aus. So kann es zu einer Über- bzw. Unterschätzung der Neuzulassungen kommen, falls der Bestand der Altersklasse 8 des Vor-

jahres entsprechend klein bzw. groß war.

(3) Dafür, daß das Modell für eine praktische Anwendung konzipiert wurde, hat es eine relativ komplizierte Struktur[16].

(4) Das Modell wurde nur über einen relativ kurzen Zeitraum getestet (1972 - 1983 in Jahreswerten). Sollten aus diesem Zeitraum, der schon eine Sättigungsphase darstellt, langfristige Prognosen abgeleitet werden, so müßte eigentlich auch erklärt werden, wie es zu dieser Sättigungsphase kam.

(5) Erstkäufer werden nicht direkt berücksichtigt.

Diese fünf Punkte sollen und können jedoch das von Schülen aufgestellte Modell nicht grundsätzlich angreifen. Wenn hier dennoch ein neuer Ansatz angestrebt wird, so liegt dies in erster Linie daran, daß das Schülensche Modell nur schwer in die schon vorhandene Prognose-Software-Konzeption einzugliedern war.

[16] LITTLE, 1970, fordert, daß Modelle simpel, robust, leicht zu steuern, anpassungsfähig und vollständig sein müssen.

3. 2 Das hier vorgestellte Prognosemodell

Überprüft werden sollte eine Hypothese, die sich etwas komplexer darstellt, als das reine Testen linearer Abhängigkeiten von gesamtwirtschaftlichen Größen. Die Hypothese stellt sich wie folgt dar:

> Neuzulassungen sind im wesentlichen durch das Käuferpotential, also die fahrfähige Bevölkerung bestimmt. Welcher Anteil an der Bevölkerung sich ein Automobil erwirbt, ist abhängig von einem Quotienten aus irgendeiner Form des Einkommens und den Kraftfahrkosten.
>
> Je größer dieser Quotient ist, desto größer wird auch der Anteil in der fahrfähigen Bevölkerung sein, der einen Neuwagen erwirbt, wobei diese Beziehung wohl nicht linear sein, sondern eher den Charakter einer Sättigungsfunktion aufweisen wird. Der Grund dafür liegt darin, daß bei einem Anstieg dieses Quotienten sich die Kaufsituation auch für Käufergruppen verbessert, für welche diese Situation keine Zusatznachfrage auslöst, da deren Sättigungsniveau schon auf einem niedrigerem Niveau dieses Quotienten erreicht war. Eine Steigerung des Quotienten auf hohem Niveau wird also eine geringere Auswirkung auf die Neuzulassungen bedingen als dieselbe Steigerung auf niedrigerem Niveau.

Diese Hypothese wurde mathematisch wie folgt formuliert:

$$F_1 = FFB \times \left(1 - e^{c\left(\frac{EINK}{AUTO}\right)^d}\right) \times (SF \times f + 1)$$

wobei:
FFB = Fahrfähige Bevölkerung[17]
EINK = Nettolohn- und -gehaltssumme[18]

[17] Anzahl der 18 - 70jährigen; s. Anlagen 1 und 2.
[18] in Mrd. DM; siehe Anlagen 1 und 2.

AUTO = Autokosten[19]

SF = Saisonfunktion

(jeweils 1. Halbjahreswert 1,

jeweils 2. Halbjahreswert -1)

c; d; f= Modellparameter; Werte: -0,37; 2,08; 0,135

Wie oben schon angesprochen, wird durch diese Funktion der Hauptteil der Varianz der abhängigen Variablen erklärt.

Der Ausdruck SF x f soll Saisoneffekten Rechnung tragen, die dadurch entstehen, daß jeweils Halbjahreswerte verwendet werden. Die Saisonfunktion besteht aus dem Wert + 1 für die jeweiligen ersten Halbjahre und aus dem Wert -1 für die jeweiligen zweiten Halbjahre. Damit wird der Beobachtung Rechnung getragen, daß im ersten Halbjahr jeweils mehr PKW zugelassen werden als im zweiten. Der Parameter f regelt den Anteil des Auf- bzw. Abschlages. Er hat den Wert von 0,135.

Wie oben schon angesprochen, sollte die Variable 'EINK' irgendeine Art des Einkommens repräsentieren. Alternativ wurden das Volkseinkommen, das verfügbare Einkommen, das Pro-Kopf-Einkommen und die Nettolohn- und -gehaltssumme getestet. Der höchste Erklärungswert wurde mit der Nettolohn- und -gehaltssumme erzielt.

Daß sich mit der Nettolohn- und -gehaltssumme ein höherer Erklärungswert ergeben hat als etwa mit dem verfügbaren Einkommen, kann man dadurch erklären, daß Selbständige aufgrund ihres höheren Durchschnittseinkommens 'ihrem Sättigungsniveau' schon wesentlich näher sind als Arbeitnehmer. Veränderungen im Netto-Einkommen der Arbeitnehmer werden deshalb eine größere Wirkung zeigen, als Veränderungen in den verfügbaren Einkommen, zumal Selbständige aufgrund von Abschreibungsmöglichkeiten ihr Fahrzeug regelmäßig, oft unabhängig von der momentanen konjunkturellen Situation, ersetzen.

Ferner wurde versucht, eine Hypothese bezüglich des Einflusses des Zinssatzes zu formulieren. Da hohe Zinsen hohe Kreditkosten für Kraft-

[19] Kraftfahrer-Preisindex; s. Anlagen 1 und 2.

fahrzeuge bedingen und ferner durch den Zinssatz[20] ein gewisses wirtschaftliches 'Handlungsklima' ausgedrückt wird, müßten tendenziell hohe Zinsen einen negativen, niedrige Zinsen eine positiven Effekt auf die Gesamtmarktzulassungen ausüben.

Dies wurde mathematisch wie folgt formuliert: F_2 = Zinsfunktion = {[SGN(j-Zis)-1] * [j-Zis]² + SGN [j-Zis] * [j-Zis]² + [j-Zis] * h}

$$F_2 = \{[SGN(j-Zis)-1] * [j-Zis]^2 + SGN\,[j-Zis] * [j-Zis]^2 + [j-Zis] * h\}$$

Zis = Zinssatz
h; j = Modellparameter; Werte: 0,46; 7,2;
SGN = Signumfunktion

Diese speziell formulierte Hypothese geht davon aus, daß es eine Art 'Normalzins' (Parameter j) gibt. Nun wird der Abstand des aktuellen Zinssatzes von 'Normalzins' gemessen und zwar sowohl quadratisch als auch linear. Liegt der Zinssatz unter dem j-Wert, so ergibt sich ein positiver Wert, liegt er darüber, so ergibt sich ein negativer Wert (da der quadratische Abstand durch 1-SGN (Funktion) mit dem richtigen Vorzeichen versehen wird). Dadurch ergibt sich eine positive Korrelation zwischen Gesamtmarktzulassung und Zinsfunktion.
Durch den Parameter h wird geregelt, wie stark der lineare Anteil in der Funktion zum Tragen kommt.

Weiterhin wurde vermutet, daß Probleme bei der Angebotsseite ebenfalls ihre Auswirkungen auf die Zahl der Neuzulassungen haben müßten. Insbesondere wurden hier Liefer- und Produktionsausfälle berücksichtigt, wie sie beispielsweise durch den Streik von 1984 bedingt waren. Gemessen wurde diese Variable durch subjektive Expertenschätzung. Geschätzt werden sollte die absolute Auswirkung auf die Gesamtmarktzulassungen, welche durch Ereignisse von oben angesprochener Art bedingt werden, sowie deren Kompensationseffekte. Für diese Variable wurde

[20] ZINS = Drei-Monatsgeld; durchschnittlicher Zinssatz im Halbjahr; Einheit: % p. a.; siehe Anlagen 1 und 2.

[21] Zu LIEFPRO s. Anlagen 1 und 2; geschätzt in tsd. Zulassungen pro Halbjahr.

folgendes Symbol eingeführt: LIEFPRO = F_3[21]

So ergab sich folgendes Modell:

Gesamtzulassungen$_t$[22]
$= a + b * F_{1(t)} + k * F_{2(t-1)} + 1$
$* F_{3(t)}$
a = Regressionskonstante; Wert: 101,4
b, k, 1 = Regressionskoeffizienten; Werte: 17,11; 25,66; 1,13

Getestet wurde über einen Zeitraum von 1955-1985 in Halbjahreswerten, so daß der Analyse 60 Werte zur Verfügung standen.

R^2:

> Das Modell weist ein Bestimmtheitsmaß von 0,9728 auf. Der F-Test auf R^2 ergibt einen Wert von 500,38, was einem Sicherheitsniveau von über 0,99 entspricht.
> Der multiple Korrelationskoeffizient beträgt 0,99. Die Werte des T-Tests auf die Regressionskoeffizienten genügen alle einem Sicherheitsniveau von 0,99.

Bild (2) zeigt graphisch die Erklärungskraft des Modells. Die durchgezogene Kurve gibt die tatsächliche Entwicklung, die unterbrochene Kurve die Schätzwerte des Modells aufgrund der Ist-werte der Einflußgrößen wieder. Im allgemeinen stimmt die Entwicklung recht gut überein. Auffällige Abweichungen sind jedoch in den Jahren 1968, 1973, 1974 und 1985 zu verzeichnen. Zu diesen Perioden ist folgendes zu bemerken:

> (1) In den Jahren 1967/68 herrschte in Deutschland eine Wirtschaftskrise unter Kanzler Erhard. Das Erklärungsmodell reagiert in 1967 recht gut, liegt aber in 1968 schon wieder zu hoch.
> Die Kaufrückhaltung 1968 kann also nicht an den fundamentalen wirtschaftlichen Daten liegen (sonst hätte das Modell auch in

[22] in tsd. Zulassungen pro Halbjahr.

BILD 2

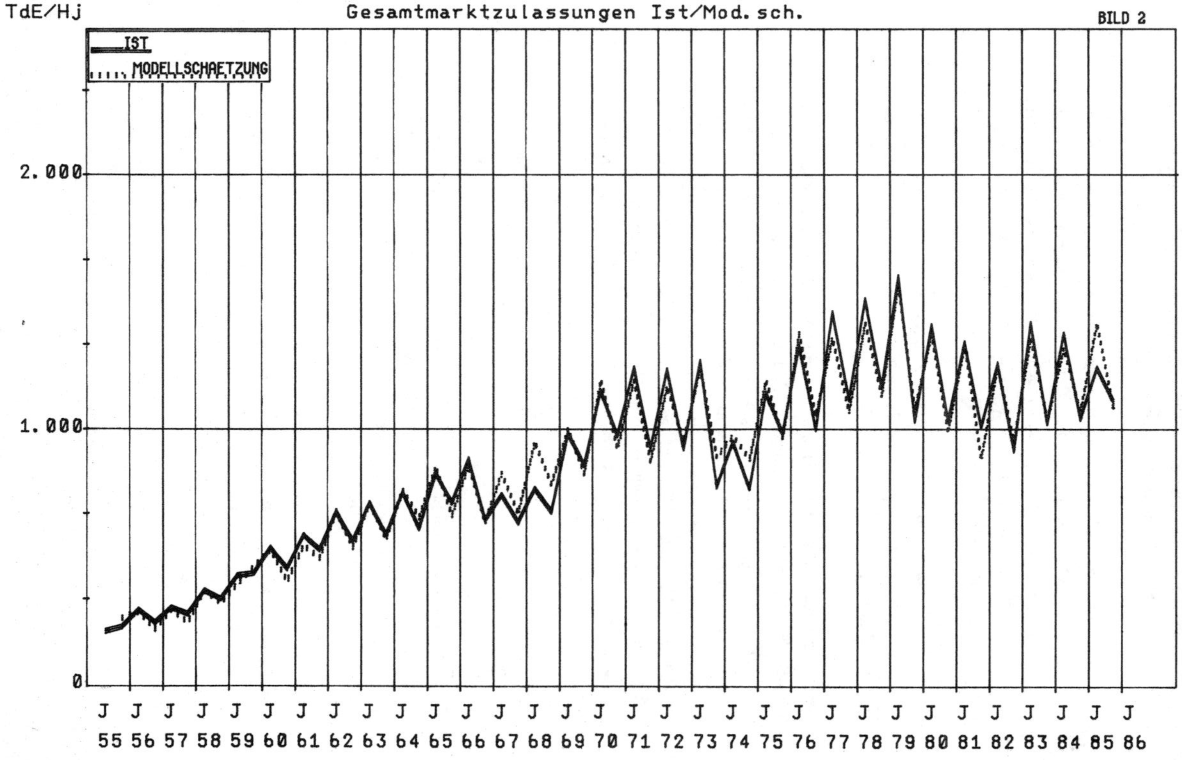

TdE/Hj
Gesamtmarktzulassungen Ist/Mod. sch.
IST
MODELLSCHAETZUNG
2.000
1.000
0
J J J J J J J J J J J J J J J J J J J J J J J J J J J J J J J J
55 56 57 58 59 60 61 62 63 64 65 66 67 68 69 70 71 72 73 74 75 76 77 78 79 80 81 82 83 84 85 86

1968 niedrigere Werte angezeigt), sondern an einem psychologischen Effekt, der durch die Wirtschaftskrise ausgelöst wurde, und sich erst ein Jahr später wieder legte.

(2) Derselbe Fall, wenn auch nicht so kraß, liegt in den Jahren 1973/74 vor. Auch hier wird vom Modell reagiert, aber nur in dem Maß, wie die wirtschaftlichen Faktoren es rechtfertigen. Auch hier sind - so glaube ich - durch die Krise ausgelöste psychologische Effekte mit im Spiel.

(3) Im Jahre 1985 schätzt das Modell zu hoch. Der Grund dafür liegt in der durch die Katalysatordiskussion ausgelösten Kaufzurückhaltung.

Man kann nun diese drei Effekte in einer Variablen zusammenfassen, die ich 'Sondereinflüsse'[23] nennen will. Die Vorgehensweise ist ähnlich wie bei der ebenfalls subjektiv geschätzten Variablen 'LIEFPRO'. Hier werden die durch obige Effekte hervorgerufenen prozentualen Abweichungen der Neuzulassungen von den 'Normalwerten' subjektiv geschätzt. Der Unterschied besteht jedoch darin, daß die Variable 'LIEFPRO' vorher geschätzt wurde, die Variable 'Sondereinflüsse' jedoch nachträglich, woraus sich eine wissenschaftstheoretisch nicht unbedenkliche datengesteuerte Schätzung ergibt. Für die Vergangenheit erreicht man damit nur eine optische Verbesserung des Ergebnisses (R^2 steigt auf 0,992; in der Graphik sind dann faktisch keine Abweichungen mehr zu sehen).

Für die Prognose entsteht damit jedoch der Vorteil, daß man für die Dimensionierung zukünftiger Sondereinflüsse Anhaltspunkte in der Vergangenheit hat. Voraussetzung hierfür ist natürlich, daß der Regressionszusammenhang 'richtig' ist.

Eine Einbeziehung der Variable 'Durchschnittsalter des Ersthandbestandes' brachte keine Verbesserung der Erklärung.

[23] Siehe Anlage 1.

3. 3 Prognose der Einflußgrößen

Um mit diesem Modell prognostizieren zu können, müssen die unabhängigen Variablen für die Zukunft bestimmt werden. Es ergibt sich also das Problem der Prognose der Einflußgrößen.

Bei der Einflußgröße **fahrfähige Bevölkerung** ergeben sich relativ wenig Schwierigkeiten. Diese Gruppe der 18 - 70jährigen in x-Jahren entspricht der heutigen Gruppe der (18 - x) - (70 - x)jährigen abzüglich der spezifischen Sterberate. Prognosen diesbezüglich sind einfach von demoskopischen Instituten zu erhalten[24].

Die Variablen Nettolohn- und -gehaltssumme, Autokosten, Zins, Liefer- und Produktionsausfälle könnten zum Gegenstand einer Szenario-Betrachtung[25] gemacht werden, wobei jeweils optimistische, mittlere und pessimistische Annahmen gemacht werden. Für Nettolohn- und -gehaltssumme und Autokosten wäre auch noch eine zweite Möglichkeit, nämlich die der Trendextrapolation möglich. Ein Test bei der Variablen 'Autokosten' hat ergeben, daß es zwischen den Extrapolationswerten (ab 1970 bis jetzt) und den tatsächlichen Werten zu einer maximalen Abweichung von 10 % kam. Für 30 Werte ist dies als eine relativ schwache Abweichung zu bezeichnen.

Bild (3) zeigt einen retrospektiven Test des Modells auf Basis eines hypothetischen Wissensstandes von 1955. Das Jahr 1955 stellt in der Bundesrepublik Deutschland eigentlich erst den Beginn der automobilen 'Aufrüstung' dar. Mit heutigen Augen fällt es schwer, sich mögliche Szenarien, die man am Anfang dieser Entwicklung hätte entwerfen können, vorzustellen. Im Bild (3) ist dennoch ein Versuch dargestellt. Es liegen folgende Annahmen zugrunde:

[24] Vgl. etwa Eurostat, Prognos.

[25] Zur Szenario-Technik vgl. etwa BLECKE, 1978, GESCHKA und HAMMER 1984, REIBNITZ 1981.

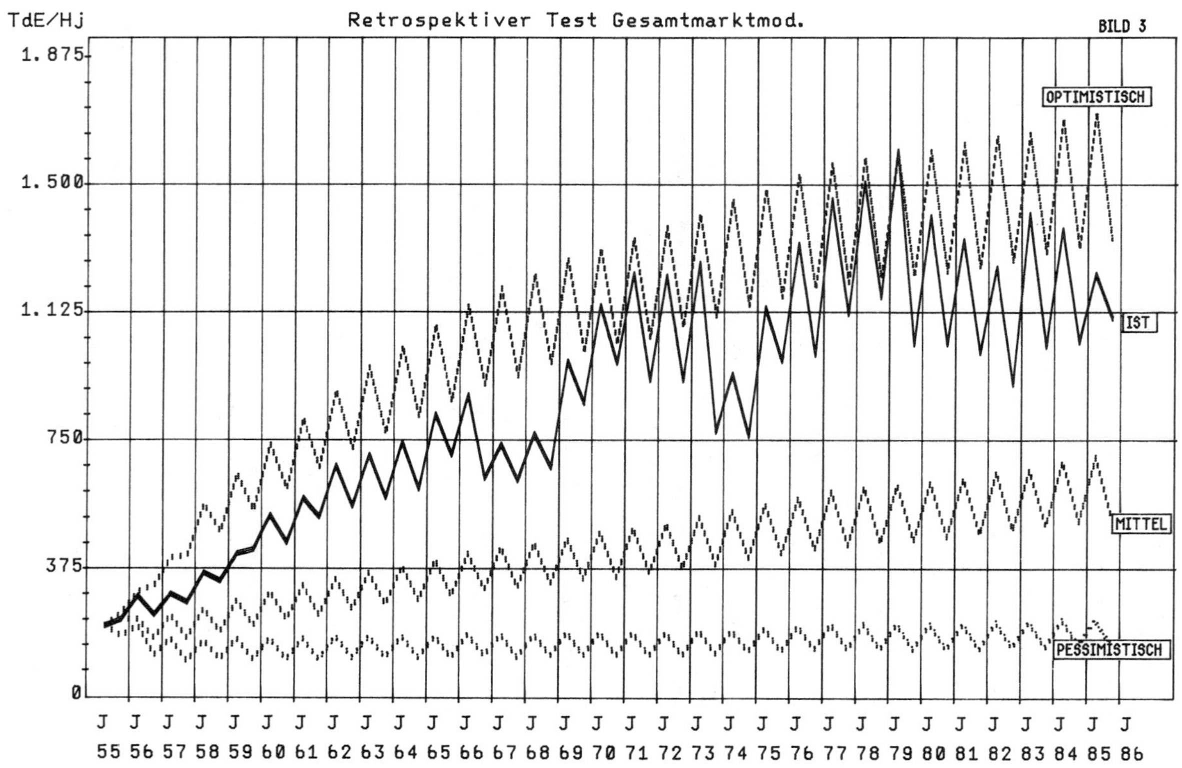
TdE/Hj
Retrospektiver Test Gesamtmarktmod.
BILD 3
1.875
1.500
1.125
750
375
0
OPTIMISTISCH
IST
MITTEL
PESSIMISTISCH
J J J J J J J J J J J J J J J J J J J J J J J J J J J J J J J J
55 56 57 58 59 60 61 62 63 64 65 66 67 68 69 70 71 72 73 74 75 76 77 78 79 80 81 82 83 84 85 86

Pessimistisch: Verhältnis Einkommen/Autokosten konstant
auf Wert 1955
Zins bei: 12 %

Mittel: Einkommenswachstum nominal 2,5 % pro Halbjahr
Autokostenwachstum nominal 2 % pro Halbjahr
Zins bei: 6 %

Optimistisch: Einkommenswachstum nominal 7 % pro Halbjahr
Autokostenwachstum nominal 1 % pro Halbjahr
Zins konstant bei: 3 %

Dabei wird beim Zins bei jedem Szenario vom Ist-Wert in 1/1955 ausgegangen; die obigen Zinswerte gelten ab dem zweiten retrospektiven Prognosejahr. Die Zinswerte für die zweite und dritte retrospektive Prognoseperiode stellen eine Interpolation dar.

Man sieht, daß die PKW-Zulassungen aus der Sicht von 1955 einen durchaus optimistischen Verlauf genommen haben. Trotz der Tatsache, daß eine ziemlich große Spanne zwischen optimistischem und pessimistischem Wert im Zieljahr 1985 besteht, kann das Modell als durchaus tauglich bezeichnet werden, wenn man sich vor Augen hält, daß es sich um eine Anfangsbetrachtung aus einem völlig ungesättigten Markt vor 30 Jahren handelt.

Bild (4) zeigt einen weiteren retrospektiven Test, der nicht mit einem Szenario, sondern mit einer Trendextrapolation der Werte für Autokosten und Nettolohn- und -gehaltssumme mittels Regression ab den Jahren 1970 bzw. 1974 arbeitet. Hier kann man deutlich sehen, daß eine Betrachtung, die 15 Jahre älter ist als das Anfangszenario, relativ nah an der Wirklichkeit liegt, obwohl nur mit Extrapolation gearbeitet wurde.

Daraus läßt sich aber schließen, daß eine Prognose mit diesem Modell auf Basis von Szenariowerten zu durchaus brauchbaren Werten führen wird.

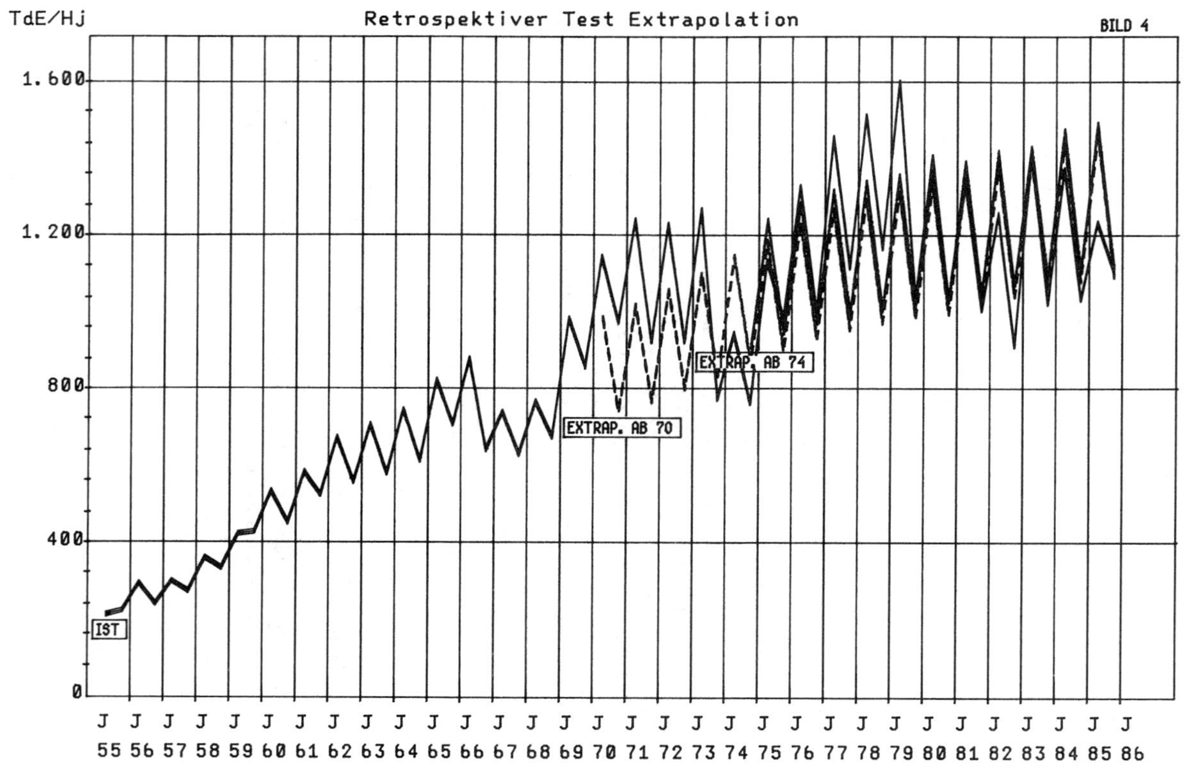

TdE/Hj
Retrospektiver Test Extrapolation
BILD 4
1.600
1.200
800
400
0
IST
EXTRAP. AB 70
EXTRAP. AB 74
J J J J J J J J J J J J J J J J J J J J J J J J J J J J J J J J
55 56 57 58 59 60 61 62 63 64 65 66 67 68 69 70 71 72 73 74 75 76 77 78 79 80 81 82 83 84 85 86

3. 4 Prognose der Gesamtmarktzulassungen

Das Modell ist nicht auf einen bestimmten Prognosehorizont hin konzipiert. Es kann sowohl für kurze, wie auch für lange Zeiträume verwendet werden. Somit wird die Bestimmung eines sinnvollen Prognosezeitraumes durch das praktische Problem festgelegt, zu dessen Lösung es unterstützend mithelfen soll[26].

Im Prognosebeispiel von Bild (5) reicht der Zeithorizont bis zum Jahr 2000. Es wurden dabei folgende Annahmen verwendet:

Einflußgrößen	optimistisch	mittel	pessimistisch
Zins	3%	6,5%	11,5%
Nettolohn- und Gehaltssummenwachstum/Jahr	12%	5%	-1%
Autokostenwachstum/Jahr	0%	0,5%	12%

Hier wird beim Zins wiederum vom Ist-Wert der laufenden Periode ausgegangen. Die Werte bis zum zweiten Prognosejahr stellen dann eine Interpolation zwischen Ist-Wert und obigem Szenario dar.

Ferner ist die in Kapitel 3. 2 angedeutete Variable 'Sondereinflüsse' verwendet. Die durch die Katalysatordiskussion hervorgerufene Kaufzurückhaltung im Jahre 1985 wurde durch das Ansetzen von Negativwerten erfaßt. Da es sich dabei nicht um einen völligen Wegfall des Autokaufes, sondern nur um eine Verschiebung handelt, muß dieser Effekt durch positive Werte (die vom Betrag her den vorherigen negativen Werten entsprechen) in den Folgeperioden ausgeglichen werden. Bei dieser Prognose wurde eine Auflösung von 2/3 im Jahre 1986 und 1/3 im Jahre 1987 unterstellt.

Im übrigen sei betont, daß es sich bei den hier vorgestellten Prognoseergebnissen nur um ein Beispiel handelt. Das Modell ist jedoch dafür ge-

[26] Vgl. HANSSMANN, 1978a, S. 35.

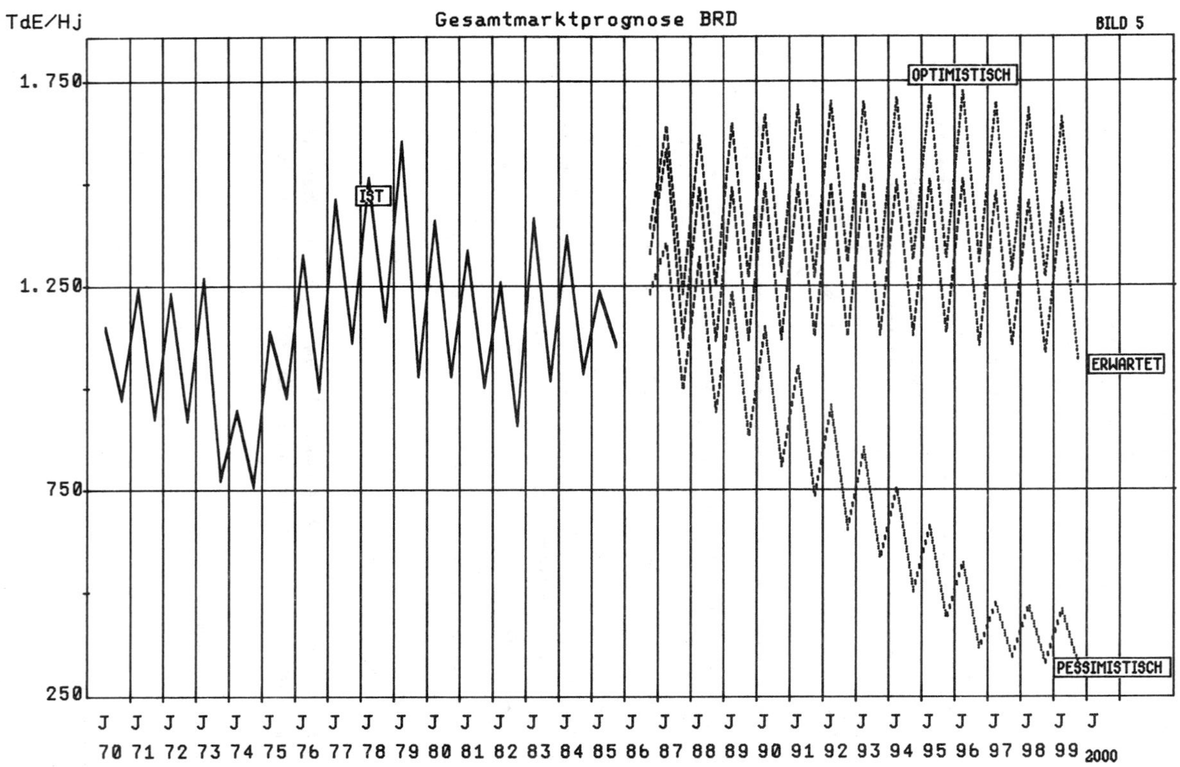

TdE/Hj
Gesamtmarktprognose BRD
BILD 5
1.750
1.250
750
250
IST
OPTIMISTISCH
ERWARTET
PESSIMISTISCH
J J J J J J J J J J J J J J J J J J J J J J J J J J J J J J J
70 71 72 73 74 75 76 77 78 79 80 81 82 83 84 85 86 87 88 89 90 91 92 93 94 95 96 97 98 99 2000

dacht, daß ganz verschiedene Annahmesätze, welche im Ermessen des Anwenders liegen, durchgerechnet werden können[27].

Die Bild (5) zugrundegelegten Annahmen stellen im mittleren Fall Prognosen der volkswirtschaftlichen Abteilung des Automobilherstellers dar. Der optimistische Annahmesatz stellt ein Extremszenario dar, auf dessen Niveau sich der Gesamtmarkt auf längere Zeit wohl nie bewegen wird. Sollte jedoch das Niveau der mittleren Prognose in etwa gehalten werden, so ist für einzelne Jahre das Erreichen der optimistischen Werte möglich.

Auch die pessimistischen Werte stellen ein Extremszenario dar. Sie zeigen einen Entwicklungspfad der ständigen Verschlechterung des Quotienten Einkommen zu Autokosten auf. Deshalb ist, falls sich die Zulassungen in etwa auf dem mittleren Niveau bewegen sollten, ein Erreichen der pessimistischen Werte nur für einen kurzen Prognosezeitraum wahrscheinlich. Ein Abfallen der Werte im Jahre 1995 vom mittleren auf das pessimistische Niveau würde eine höchst unwahrscheinliche, abrupte Veränderung der unabhängigen Variablen bedeuten.

Sehr gut zu sehen ist, daß im optimistischen Fall (im Gegensatz zum pessimistischen) selbst die Annahme wesentlich günstigerer Einflußgrössenkonstellationen keine 'entsprechende' Mehrzulassung bedeuten, weil man sich nahe am Erreichen des Sättigungsniveaus befindet.

Der Abfall ab dem Jahre 1994 ist durch ein Absinken der fahrfähigen Bevölkerung bedingt.

[27] Vgl. GEOFFRION, 1976.

4. MARKTSEGMENTIERUNG IN DER LITERATUR

Wendell Smith[28] definiert Marktsegmentierung wie folgt:

> "Segmentation is disaggregative in its effect and tends to bring about recognition of several demand schedules where only one was recognized before . . . market segmentation . . . consists of viewing a heterogeneous market (one characterized by divergent demand) as a number of smaller homogenous markets in response to differing product preferences among important market segments. It is attributable to the desire of consumers for more precise satisfaction of their varying wants".

Somit stellt Segmentierung eine Untergliederung eines heterogenen Marktes in in sich homogene Untergruppen dar, welche untereinander heterogen sind. Daraus ergibt sich laut W. Smith, daß Segmentierung eine Analysemethode darstellt, welche es ermöglicht, Kundenwünsche präziser zu befriedigen.

Damit ist der wichtigste Zweck der Segmentierung, nämlich das bessere Erkennen von Kundenwünschen, angeschnitten. Sind Kundenwünsche identifiziert, so gilt es zu klären, wie die Angebotssituation zur Befriedigung dieser Kundenwünsche beschaffen ist, um Rückschlüsse bezüglich des eigenen Angebotes (dies kann auch nur gedanklich existieren) zu ziehen.

Daß gerade in Märkten mit harter Konkurrenzsituation eine derartige Methodik hilfreich sein kann, steht außer Frage. Es gilt jedoch zu klären, welches die Objekte einer möglichen Untergliederung sind und nach welchen Kriterien diese Untergliederung erfolgen soll. In der Literatur wird grundsätzlich von folgenden Möglichkeiten ausgegangen. Entweder wird nach:

- Produktgruppen oder
- möglichen Käufergruppen untergliedert.

[28] Vgl. Smith, 1956, S. 3ff.

An die Kriterien zur Untergliederung stellt Zinser[29] folgende Anforderungen:

a) Zwischen den Segmentierungskriterien und der Kaufentscheidung muß ein ursächlicher Zusammenhang bestehen (Kaufrelevanz).

b) Die Kriterien müssen zu einer Trennung der Kaufverhaltensweisen führen (Diskriminierungsrelevanz).

c) Die Kriterien müssen mit den Mitteln der Bedarfsforschung erfaßbar sein.

d) Die Kriterien müssen meßbar sein.

e) Die Kriterien müssen einen Bezug zur Marktbearbeitung aufweisen, so daß das einzelne Marktsegment mit Hilfe des Marketing-Instrumentariums erreichbar und eine Isolierung bei dem Einsatz bestimmter absatzpolitischer Instrumente gewährleistet ist.

f) Die Kriterien müssen eine gewisse Stabilität über einen längeren Zeitraum hinweg aufweisen, da eine differenzierende Marketing-Strategie auf Dauer angelegt sein soll.

29 Vgl. ZINSER, 1978, S. 5f.

4. 1 Segmentierung nach Produktgruppen

Bei der Segmentierung nach Produktgruppen wird der Markt für eine Produktart dergestalt in Klassen untergliedert, daß die Klassen in sich homogen, untereinander jedoch heterogen sind. Kriterien der Untergliederung stellen die Produkteigenschaften dar, wobei ein oder mehrere, abstrakte oder konkrete Kriterien gewählt werden können. Segmentierung nach Preisklassen wäre ein Beispiel für den konkreten 'Einkriterienfall'.

Eine Segmentierung nach 'sportlich - nicht sportlich' stellt ein Beispiel der Untergliederung nach einem abstrakten Kriterium dar. Bei der praktischen Ausgestaltung wird hier eine Operationalisierung in konkrete Begriffe oder eine direkte subjektive Zuordnung erforderlich.

Segmentierung nach mehreren Kriterien erfodert entweder eine Hierarchie der Kriterien, oder eine Abbildung der Kriterien auf eine andere Dimension, nach welcher klassifiziert werden kann (Beispiel: Punktbewertung für jedes Kriterium; anschließend Segmentierung nach Punkten).

Zu Absurdheiten kann es jedoch immer an den Grenzen der Gruppenzugehörigkeit kommen. Bildet man beispielsweise folgende Segmente nach dem Preis:

Segment 1 : 0 - 10] DM
Segment 2 :]10 - 20] DM
Segment 3 :]20 - 30] DM

So ist es offensichtlich, daß zwischen Produkten, die 9,– DM und 11,– DM kosten, größere Homogenität bezüglich des Preises besteht, als zwischen den Produkten, die 4,– DM und 9,– DM kosten. Da jedoch eine solche Segmentierung wohl in Hinblick auf Vergleichsklassenbildung zu den eigenen Produkten gewählt wird (Beispiel: die eigenen Produkte kosten 5, –, 15,– und 25,– DM), oder um zu sehen welche Klassen unterbesetzt sind, ist dieser Mangel nicht existenziell.

Innerbetrieblich kann beispielsweise gemäß einer Kosten-Nutzen-Analyse[30] auch eine Segmentierung nach Deckungsbeiträgen erfolgen.

Nachdem nun dargestellt wurde, wie nach Produktgruppen segmentiert werden kann, soll nun erläutert werden zu welchen Zweck.

Produktgruppen stellen historisch Klassen von nachgefragten Kundenwünschen dar. Für die Zukunft sind sie Angebote zur Befriedigung potentieller zukünftiger Nachfrage. Da Nachfrage sich momentan immer nur am existierenden Produktangebot befriedigen kann, ist es wahrscheinlich, daß die historisch getätigte Nachfrage nur einen Kompromiß zwischen bestehendem Produktangebot und existierenden Bedürfnissen darstellte. Die Frage, die sich für die betreffenden Produkthersteller ergibt, lautet folglich:

In welchen Produktklassen (das können bzw. sollen auch bis jetzt noch nicht besetzte Klassen sein) und wie muß ich anbieten, um mein Unternehmensziel bestmöglich erreichen zu können?

Untergliederung nach Produktgruppen kann hier insofern helfen, als daß festgestellt werden kann, welche Produktgruppen wie stark besetzt sind, und welche Konkurrenzsituation sich folglich für ein mögliches eigenes Produkt ergeben würde[31]. Wichtig ist in diesem Zusammenhang die Abschätzung der Größe des Marktpotentials für die in Frage kommenden Produktgruppen.

Waren die betreffenden Produktgruppen in der Vergangenheit[32] besetzt, so besteht die Möglichkeit, eine gewählte Abschätzungsmethode historisch zu prüfen.

Um dies erreichen zu können, müssen zunächst die Einflußgrößen auf die Segmentpotentiale ergründet werden. In einem nächsten Schritt ist dann zu prüfen, ob auf der Basis der gewonnenen Erkenntnis Prognosen

30 Vgl. WINTER, 1979, S. 103ff.

31 Vgl. BASSIE, 1958, Preface.

32 Vgl. DOYLE, SAUNDERS, 1985, S. 24ff.

erstellt werden können.

Einflußgrößen auf die Segmente werden unter anderem in folgenden Bereichen zu suchen sein:

- ökonomische Umwelt
- konkurrierendes Produktangebot
- sozio-ökonomische Struktur der Nachfrage
- gesellschaftliche Wertordnung

Nach quantitativen Erklärungsmodellen zu diesem Problem wurde in der Literatur vergebens gesucht.

4. 2 Segmentierung nach Käufergruppen

Eine zweite Möglichkeit stellt die Untergliederung nach Käufergruppen dar. Hier sind zwei mögliche Intentionen voneinander zu trennen.

(1) Identifikation der Eigenschaften der Käufergruppen der eigenen Produkte mit dem Ziel der effizienteren Ausrichtung der Marketing-Aktivität und/oder der Produkte selbst auf diese Gruppen (Beispiel: Wahl eines adäquaten Werbeträgers).

(2) Erkennen derjenigen Käufergruppen, welche nicht Käufer des eigenen Produktes sind, mit dem Ziel, die Möglichkeiten der Nutzung dieses hypothetischen Potentials zu analysieren.

Kriterien der Untergliederung stellen in der Praxis oft demographische Eigenschaften wie Einkommen, Haushaltsgröße, Alter usw. dar[33], wobei neben der Klassenbildung auch Mittelwertbildungen Verwendung finden.

Man kann nun die Besetzung der einzelnen Gruppen absolut, relativ zu allen Käufern oder relativ zur tatsächlichen Stärke dieser demographisch bestimmten Gruppe in der Bevölkerung feststellen. Unterstellt man die in Punkt (1) angesprochene Intention, so können jedoch folgende Schwierigkeiten auftreten[34].

- Demographische Variable sind keine Kaufgründe, sondern stellen nur eine Klassifikation der Käufer dar. Ändern sich also die Kaufmotive, kann man nicht *a priori* davon ausgehen, daß die Korrelation Kaufmotiv - Käufergruppe langfristig konstant bleibt.

[33] Weitere Kriterien vor allem bei gewerblichen Käufergruppen: Branche, Region bzw. Standort, wirtschaftlicher Entwicklungsstand der Nachfrageregion, Unternehmensgröße, Organisationsstruktur, Abnehmertyp öffentlicher oder privatwirtschaftlicher Nachfrager (vgl. ENGELHARDT/GÜNTER, 1981, S. 89).

[34] Vgl. WINTER, 1984, S. 57ff.

- Demographische Variable sind nicht unbedingt operational. Wenn man beispielsweise weiß, daß die eigene Zielgruppe als Mittelklasse mit einer durchschnittlichen Kinderzahl von 1,8 beschrieben wird, ist das keine unmittelbare Handlungsgrundlage, kann jedoch ein erster Schritt sein.

- Ein weiteres Problem ergibt sich bei Konzentration auf aktuelle Käufergruppen aus der möglichen Vernachlässigung der 'Nicht-Käufergruppen', die beispielsweise durch Änderung von Kaufmotiven zu Käufergruppen werden könnten.

Gerade im Hinblick auf die im Punkt (2) angesprochene Intention kann eine solche Segmentierung nach demographischen Faktoren hilfreich sein. Wie muß ein Produkt aussehen, um die bis jetzt nur schwach oder garnicht versorgten potentiellen Käufergruppen erfolgreich anzusprechen? So könnte eine Frage lauten, die aus dieser Segmentierung folgt[35]. Im allgemeinen kann diese Art der Segmentierung als sinnvoller erster Schritt verstanden werden, dessen Output jedoch Grundlage weiterer Analysen sein muß.

Weiterhin ist auf die Interdependenzen zwischen den Ergebnissen einer Untergliederung der Produkt- und Käufergruppen hinzuweisen. Hat man beispielsweise durch Untergliederung des Produktangebots festgestellt, daß eine mögliche Produktgruppe noch nicht existiert, so kann man durch Zuordnung passender potenieller Käufergruppen versuchen, die Größe des Absatzpotentials festzustellen. Umgekehrt kann bei gegebener Käufergruppe durch Produktsegmentierung die Angebotssituation für diese Gruppe festgestellt werden.

[35] Vgl. WINTER, 1985, S. 24ff.

4. 2. 1 Untergliederung nach Kaufentscheidungen

Eine weitere Möglichkeit stellt die Untergliederung der Käufer nach Kaufentscheidungen dar[36]. Sie kann mit der Methodik des 'Entscheidungsbaumes' durchgeführt werden, und ist auch als *a priori* Segmentierung zur theoretischen Gewinnung von Einsichten ohne Datenerhebung geeignet.

Der Vorteil dieser Art der Segmentierung besteht in der operationalen Ausrichtung.

Bild (5) zeigt einen möglichen Entscheidungsbaum für den automobilen Markt. Man kann an diesem Beispiel sehr gut den Grund eines bestimmten Verhaltens erkennen. Maßnahmen um Gruppen des Entscheidungsbaumes in andere überzuführen, sind relativ leicht abzuleiten. Ob sich solche Maßnahmen mit dem Zielsystem des betreffenden Unternehmens vereinbaren lassen, ist durch eine eingehende Kosten-Nutzen-Analyse zu klären.

[36] Vgl. WINTER, 1984, S. 59ff.

PKW-Markt: Segmentierungsbeispiel auf Entscheidungsbasis

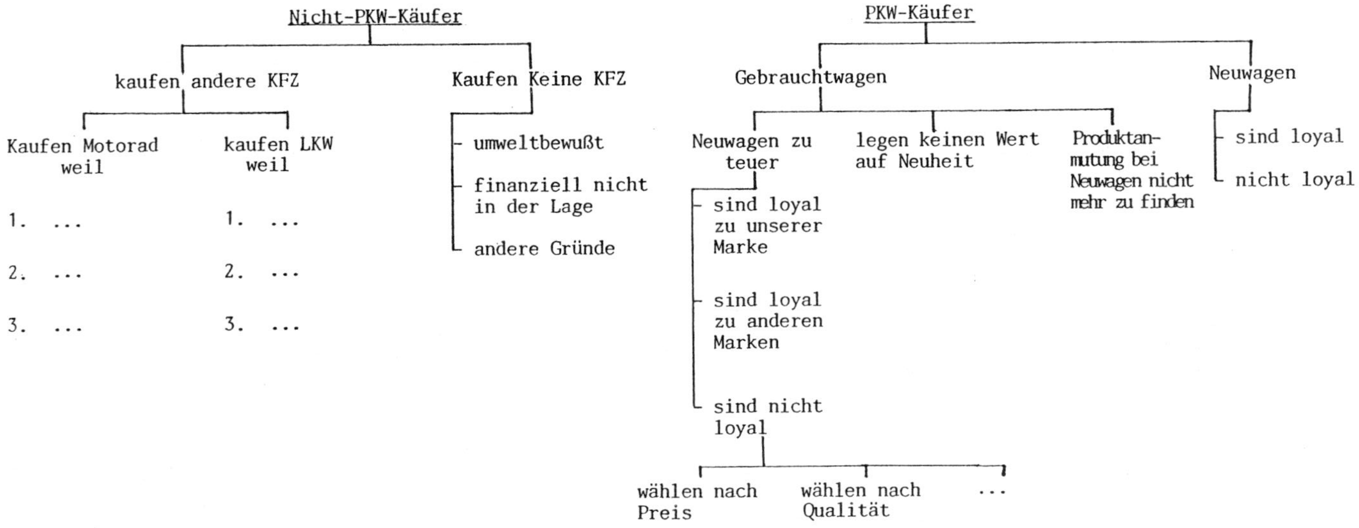

5. MARKTSEGMENTPROGNOSE: EIN BEISPIEL AUS DER AUTOMOBILINDUSTRIE

Wir befinden uns nun auf der zweiten Stufe der oben erwähnten Prognosesystematik (PKW - PKW-Klasse - Marke in der Klasse). Daraus folgt, daß eine Segmentierung hier nicht nach Käufergruppen, sondern nach Produktgruppen erfolgen muß. Hilfreich kann jedoch auch die Segmentierung nach Kaufentscheidungen sein.

Grundlage der Segmentierung ist die Gesamtmarktprognose. Zur Gewinnung der Segmentpotentiale ist also nur deren Anteil am Gesamtmarkt zu ermitteln. Es gilt folgende Definitionsgleichung:

$\text{Segmentpotential}_i = \text{Gesamtvolumen} \times \text{Potentialanteil}_{Si}$
wobei i = Index des Segmentes (i = 1, . . , 4)
S = Segment

$$\sum_{i=1}^{4} \text{Potentialanteil}_{Si} = 1$$

Die nun zu stellenden Fragen lauten:

(1) Wie sind die Segmente definiert?

(2) Welches sind die Einflüsse, denen die Potentialanteile unterliegen?

(3) Wie wirken sie?

(4) Kann man aus den gewonnenen Erkenntnissen Prognosen erstellen?

5. 1 Definition der Segmente

Der Gesamtmarkt wurde vom Automobilhersteller in vier Segmente aufgespalten, wobei die betrachtete Unternehmung in drei Segmenten mit eigenen Modellreihen vertreten ist. Die drei Segmente bilden also jeweils Vergleichsklassen zu den eigenen Modellreihen.

Grob umrissen könnte man Segment 1 als automobile Unterklasse, Segment 2 als (untere und mittlere) Mittelklasse, Segment 3 als gehobene Mittelklasse und Segment 4 als Oberklasse bezeichnen.

Typische Vertreter in den jeweiligen Segmenten sind folgende Modellreihen[37]:

- Segment 1: Ford Escort, Opel Kadett, VW Golf und Modellreihen ebenbürtiger bzw. kleinerer Kategorie.
- Segment 2: BMW 3er, Ford Sierra, Mercedes 190, Opel Ascona usw.
- Segment 3: BMW 5er, Ford Scorpio, Mercedes W 124, Opel Rekord / Senator usw.
- Segment 4: BMW 6er/7er, Jaguar, Mercedes S-Klasse, Porsche 911/928 usw.

Die Zuordnung der Konkurrenzmodellreihen in die einzelnen Segmente erfolgte nach Kriterien wie Preis, Leistung, Fahrzeuggröße und Image. Die Zuordnung nach den Segmentierungskriterien erfolgt weder nach einer hierarchischen Struktur der Segmentierungskriterien (beispielsweise: 1. Preis, 2. Leistung, 3. . . .) noch nach einer Zuordnung der Kriterien zu Punktwerten und anschließender Segmentierung nach Punkten. Vielmehr wird hier mit ausschließlich subjektiver Zuordnung gearbeitet, gedanklich jedoch der obigen Kriterien eingedenk.

[37] Vollständige Auflistung s. Anhang.

Entscheidend für die Zuordnung einer Modellreihe ist ihr mittleres Modell. Um dies beispielhaft zu verdeutlichen sei die hypothetische Modellreihe irgendeines Automobilherstellers aufgegriffen.

Die Modellreihe A umfasse 5 Modellvarianten, nämlich A_1, A_2, A_3, A_4, A_5, welche sich in ihrer Karosserie gleichen, sich jedoch in Bezug auf Motorleistung und Ausstattung unterscheiden. Die Numerierung entspreche einer hierarchischen Ordnung, so daß das Modell A_1 im Vergleich die leistungsschwächste Motorisierung und schlechteste Ausstattung besitzt, A_5 das leistungsstärkste Modell mit der besten Ausstattung darstellt.

In diesem hypothetischen Fall würde nun die gesamte Modellreihe A gemäß den Eigenschaften des Modells A_3 zugeordnet.

An diesem Beispiel zeigen sich schon die Schwachstellen dieser Art der Segmentierung. Dadurch, daß ganze Modellreihen zugeordnet werden, kann es vorkommen, daß beispielsweise das Spitzenmodell einer Reihe aufgrund seiner Motorisierung eigentlich im nächsthöheren Segment angesiedelt werden müßte. Auch mit den von Zinser[1] formulierten Anforderungen für Segmentierungskriterien kommt man in Kollision, wenn ganze Modellreihen zuordnet werden.

Würde man nicht ganze Modellreihen, sondern jedes Modell einzeln zuordnen, so würden derartige Zuordnungsprobleme nicht entstehen.

Der Hauptgrund für die gewählte Segmentierung liegt laut Auskunft aus Automobilkreisen darin, daß die Zugehörigkeit zu einer Modellreihe auf Kunden stärker ausstrahlt, als die einzelnen Produkteigenschaften (eine etwas problematische, jedoch auch nicht ohne weiteres zu entkräftende Aussage). Da die einzelnen Segmente jedoch vorgegeben waren, wurde versucht, der Problematik dieser Art von Segmentierung durch entsprechende Variable in den Erklärungsmodellen Rechnung zu tragen.

[1] Vgl. Kap. 4.

Ein weiterer Kritikpunkt ergibt sich aus der subjektiven Zuordnung. Dadurch kann der Eindruck einer willkürlichen und unsystematisierten Zuordnung entstehen. Es wird jedoch ein Problem umgangen, welches bei einer - zumindest halbwegs - objektiven Zuordnung mit Hilfe von Punktwerten möglicherweise entstanden wäre: Nämlich, daß aufgrund von Punktwerten eine Zuordnung erfolgen müßte, welche rein gefühlsmäßig nicht vertretbar wäre.

Bild (6) zeigt die historische Entwicklung der Potentialanteile der einzelnen Segmente.

Entwicklung der Segmente in Anteilen

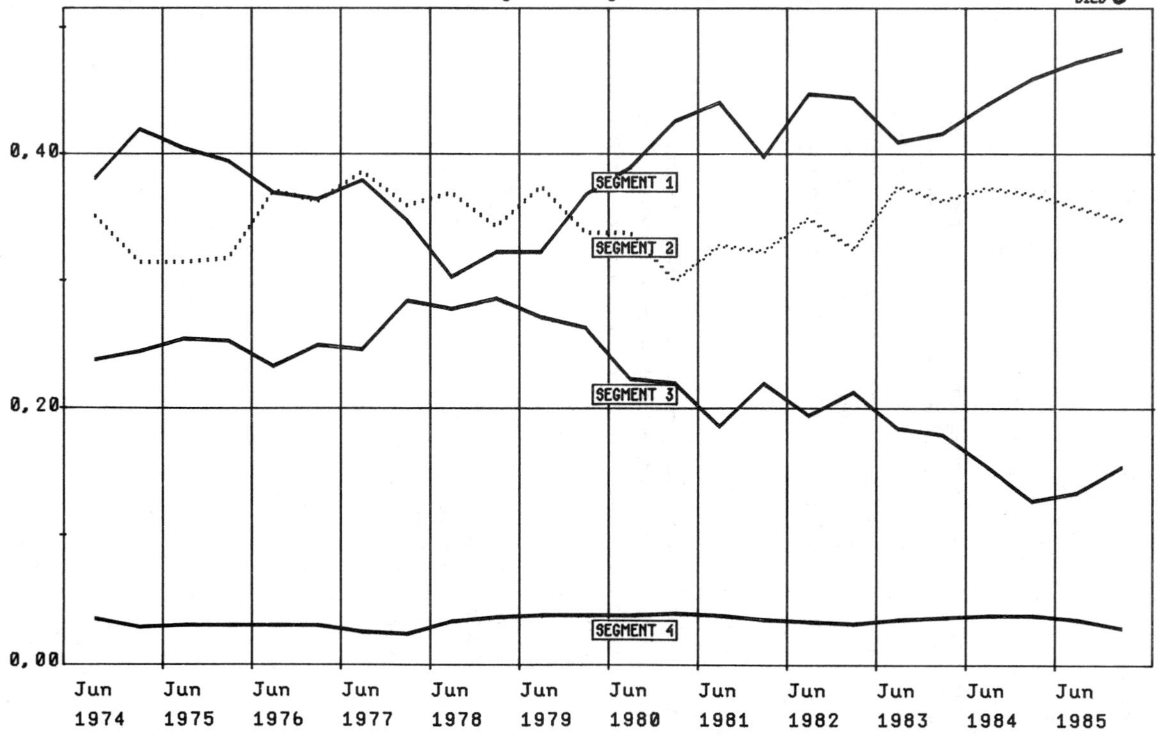

5. 2 Mögliche analysierte Einflußgrößen auf die Potentialanteile der Segmente

Getestet wurden Einflußgrößen aus drei unterschiedlichen Bereichen:

1. Ökonomische Umwelt
2. Produktangebot
3. Sozio-ökonomische Struktur der Nachfrage

Nachfolgend werden nur die 'reinen' Einflußgrößen wiedergegeben. Getestet wurden nicht nur lineare Abhängigkeiten von den Einflußgrößen, sondern auch funktionale Abhängigkeiten mit nicht-linearem Charakter, wie auch komplexere Hypothesen, deren Elemente die eben erwähnten Einflußgrößen sind. Ein einfaches Beispiel für eine solche Variable ist: Durchschnittspreis im $Segment_1$ dividiert durch Durchschnittspreis im Gesamtmarkt.

5. 2. 1 Ökonomische Umwelt

Die Hypothese lautet hier, daß eine veränderte ökonomisch-technische Umwelt auch zu einer veränderten Struktur der Segmentanteile führt. Im einzelnen wurden folgende Variable im Regressionsmodell getestet[39]:

- Arbeitslosenquote
- Zahl der Beschäftigten
- Sparquote
- offene Stellen
- Kraftstoffkosten
- Bruttosozialprodukt
- Pro-Kopf-Einkommen
- Verfügbares Einkommen
- Nettolohn- und -gehaltssumme
- Autokosten
- Konsumentenpreise
- Zinssatz

[39] Vgl. Verzeichnis 1.

5. 2. 2 Produktangebot

Diese Gruppe von Variablen bezieht sich auf Ereignisse, welche aus den Segmenten selbst und deren Konkurrenz - Segmenten kommen. Im einzelnen wurden folgende Einflußgrößen getestet[40]:

- gewichtete Durchschnittspreise in den Segmenten[41]
- gewichtete Durchschnittsleistungen (PS) in den Segmenten[42]
- Angebot an Fahrzeugen über einem bestimmten Leistungsniveau[43] (Anzahl pro Halbjahr)
- Segmentattraktivität

Die Einflußgröße **Segmentattraktivität** wurde wie folgt operationalisiert: Zunächst wurde jede neu erscheinende Modellreihe zum Zeitpunkt ihres Erscheinens mittels Expertenurteil mit einer 5-teiligen Skala bewertet. Der Wert 1 wurde weniger wichtigen, der Wert 5 sehr wichtigen Modellreihen zugeordnet. Die Punktwerte, welche inden selben Zeitabschnitt fielen, wurden aufaddiert, sodaß eine Zeitreihe der bewerteten Neuerscheinungen entstand.

Ferner wurden für die Vergangenheit ein für die jeweiligen Segmente typischer Produktzyklus ermittelt, dergestalt, daß die Zulassungszahl der jeweiligen Halbjahreswerte ab Neuerscheinung relativ zum ersten Halbjahreswert ab Neuerscheinung anhand historischer Werte gemessen wurde. Damit erhält man eine Abfolge von produktzyklischen Wirkungsfaktoren a_0, a_1 . . . a_e, wobei a_0 die erste und a_e die letzte Periode ab Neuerscheinung repräsentieren.

Die Segmentattraktivität im Zeitpunkt t ergibt sich somit aus der Summe der Punktwerte der Neuerscheiungen der Vorperioden bis zum Zeitpunkt t, gewichtet mit den jeweiligen produktzyklischen Wirkungsfak-

[40] Vgl. Verzeichnis 1.

[41] Errechnet aus beim Automobilhersteller vorhandenen Daten.

[42] Errechnet aus beim Automobilhersteller vorhandenen Daten.

[43] Errechnet aus beim Automobilhersteller vorhandenen Daten.

toren.

$$S_t = \sum_{z=0}^{e} F_{(t-z)} \times a_z$$

- S_t = Segmentattraktivität im Zeitpunkt t

- F_t = Summe der Punktzahlen für Neuerscheinungen in t

- a_z[44] = Wirkungsfaktor nach z Perioden ab Neuerscheinung

- e = Ende der Wirkungsdauer

Ausgedrückt wird durch die Segmentattraktivität folglich das bewertete Produktangebot in seiner produktzyklischen Situation.

[44] Werte der Wirkungsfaktoren a_0, a_1, . . ., a_e für die einzelnen Segmente:
Segment1: 1,0; 1,2; 1,4; 1,7; 1,9; 2,0; 1,9; 1,8; 1,7; 1,6; 1,5; 1,3; 1,1; 0,8;
Segment2: 1; 1,3; 1,5; 1,7; 1,9; 1,9; 1,8; 1,6; 1,5; 1,4; 1,3; 1,2; 1,0; 0,8;
Segment3: 1,0; 1,25; 1,35; 1,48; 1,55; 1,66; 1,55; 1,44; 1,35; 1,25; 1,15; 1,05; 0,96; 0,76; 0,66; 0,36;
Segment4: 1; 1,25; 1,35; 1,48; 1,55; 1,66; 1,55; 1,44; 1,35; 1,25; 1,15; 1,05; 0,96; 0,76; 0,66; 0,36;

5. 2. 3 Sozio-ökonomische Struktur der Nachfrage

Als dritte Gruppe von Einflußgrößen wurden die jeweiligen Käufergruppen aufgegriffen. Hier wurde davon ausgegangen, daß sich Bevölkerungsgruppen beim Autokauf hinsichtlich der Wahl der Automobilklasse unterschiedlich verhalten. Verändert sich nun der Anteil einer Gruppe an der Gesamtbevölkerung, so müßten sich auch die Segmentanteile entsprechend linear verändern. Als demographische Einflußgrößen wurden hier gewählt[45]:

- Beruf
- Alter
- Anzahl der Haushaltsmitglieder
- Erwerbstätigkeit
- Haushaltseinkommen

Diese Einflußgrößen wurden jeweils in Klassen eingeteilt. Gemessen wurde dann jeweils der Anteil einer Klasse an der Summe der Klassen. Beispielsweise wurde die Einflußgröße 'Alter' in fünf Klassen wie folgt eingeteilt:

- 0 - 17 Jahre
- 18 - 30 Jahre
- 31 - 40 Jahre
- 41 - 50 Jahre
- 51 - und älter

Daraufhin wurde die Besetzung jeder Klasse ermittelt und durch die Gesamtbevölkerung dividiert, sodaß man zu Klassenanteilen kam, welche dann als unabhängige Variable verwendet wurden.

[45] Vgl. Verzeichnis

5. 3 Spezifische Erklärungsmodelle für die Potentialanteile der Segmente

Die nun vorgestellten Erklärungsmodelle stellen die durch sequenzielle Regression ausgewählten oben erwähnten Variablen dar. Das historische Datenmaterial reicht von 1974 bis 1985 jeweils in Halbjahreswerten, so daß der Analyse 24 Testwerte zur Verfügung standen.

5. 3. 1 Modell für den Potentialanteil von $Segment_1$

Aus der Vielzahl der formulierten Hypothesen wurde durch sequenzielle Regression folgendes Modell ausgewählt:

$$PA_{S1t} = a_0 + a_1 * WAKRA_{(t-2)} + a_2 * A_{(31-40)t} +$$
$$a_3 * Z_t + a_4 * S_{1t} + a_5 * S_{3t} + R$$

wobei:

(1) PA_{S1} = Potentialanteil von $Segment_1$[46]

(2) WAKRA = Wachstumsrate der realen Kraftstoffkosten in %[47]

(3) $A_{(31-40)}$ = Anteil der 31 - 40jährigen[48]

(4) Z = Zinssatz[49]

(5) S_1 = Segmentattraktivität $Segment_1$[50]

(6) S_3 = Segmentattraktivität $Segment_3$[51]

a_0 = Regressionskonstante; Wert: - 0,1257

a_1, - a_5 = Regressionskoeffizienten; Werte: 0,0018; 0,0271; 0,0078;

[46] Anzahl der Zulassungen in $Segment_1$ dividiert durch Gesamtmarktzulassungen in Halbjahreswerten.

[47] Durchschnittliche Wachstumsrate: Kraftstoffkosten (t) minus Kraftstoffkosten (t - 1) der ganze Ausdruck geteilt durch Kraftstoffkosten (t - 1) in Prozent; s. Anlagen 1 und 2.

[48] Anzahl der 31 - 40jährigen dividiert durch Gesamtbevölkerung.

[49] Drei-Monatsgeld; Durchschnittswerte über ein Halbjahr; Einheit: Zinssatz pro Jahr.

[50] Siehe Kap. 5. 2. 2.

[51] Siehe Kap. 5. 2. 2.

-0,0025; 0,0027;
t = Index der Periode

R^2:

Das Modell weist ein Bestimmtheitsmaß von 0,9407 auf. Der F-Test auf das R^2 ergibt einen Wert von 53,97, was einem Sicherheitsniveau von 0,99 entspricht.

Bild (7) zeigt Ist- und Modellwerte für den Potentialanteil von Segment$_1$ über die Testperiode anhand der Ist-Werte der Einflußgrößen.

Zu (2)
Hier wurde ein positiver linearer Zusammenhang zwischen der realen Wachstumsrate der Kraftstoffpreise und dem Anteil der Zulassungen von Personenkraftwagen von Segment 1 am Gesamtmarkt ermittelt. Da Kraftwagen dieses Segments einen niedrigeren Kraftstoffverbrauch aufweisen als Fahrzeuge höherer Klassen und hier nicht absolute Zulassungen, sondern Anteile betrachtet werden, ist die Hypothese ziemlich naheliegend, daß damit ein Rückgang der Zulassungen von Fahrzeugen mit höheren Verbrauchswerten verbunden ist. Die Wachstumsrate wurde deshalb gewählt, weil hier besser als bei der einfachen Entwicklung der Kraftstoffpreise das psychologisch stark wirkende Element der Veränderung und Gewöhnung berücksichtigt wird. Interessant ist, daß hier ein Wirkungslag von einem Jahr auftritt. Schon geplante Käufe werden also unabhängig vom Wert dieser Variablen getätigt. Erst auf zukünftige Käufe ergibt sich ein Einfluß.

Zu (3)
Im sequenziellen Regressionsmodell wirkt diese Variable positiv. Der Grund hierfür dürfte in der vermehrten Zweit-Motorisierung dieser Bevölkerungsgruppe liegen. Ein Zweitwagen dürfte in dieser Altersgruppe meist aus der Unterklasse stammen.

Zu (4)
Beim Zins hat sich hier ein positiver linearer Zusammenhang ergeben, da bei steigenden Zinsen die Bereitschaft, hohe Kredite für

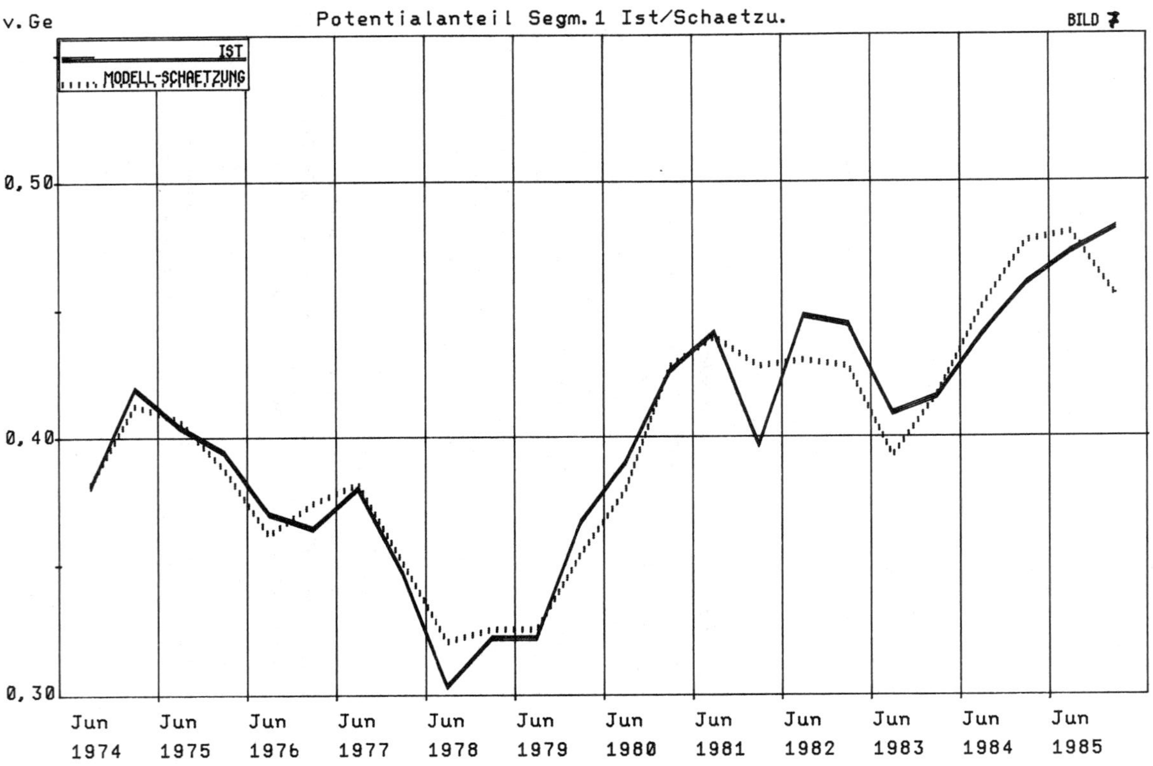
v. Ge
Potentialanteil Segm. 1 Ist/Schaetzu.
BILD 7
IST
MODELL-SCHAETZUNG
0,50
0,40
0,30
Jun 1974
Jun 1975
Jun 1976
Jun 1977
Jun 1978
Jun 1979
Jun 1980
Jun 1981
Jun 1982
Jun 1983
Jun 1984
Jun 1985

Automobile höherer Klassen aufzunehmen, sinken dürfte, damit steigt aber der Anteil der Kleinwagen.

Zu (5)
Sehr naheliegend ist, daß sich die Attraktivität dieses Segments positiv auf seinen Segmentanteil auswirken wird.

Zu (6)
Da sich die Summe der Potentialanteile zu 1 addieren muß, folgt aus der Zunahme eines Potentialanteils die Abnahme mindestens eines anderen Potentialanteils. Die Attraktivität von $Segment_3$ wirkt sich negativ auf den Anteil von $Segment_1$ aus.

5. 3. 2 Modell für den Potentialanteil von $Segment_2$

Aus der zu dieser abhängigen Variable formulierten Hypothese wurde folgendes Modell ausgewählt:

$PA_{S2} = b_0 + b_1 * S_3 + b_2 * GESMA + b_3 * Zins$
$+ b_4 * BSPWA + R$

alle Größen jeweils auf Periode t bezogen wobei:
(1) PA_{S2} = Potentialanteil von $Segment_2$[52]
(2) S_3 = Segmentattraktivität $Segment_3$[53]
(3) GESMA = Gesamtmarktzulassungen halbjährlich[54]
(4) Zins = Zinssatz[55]
(5) BSPWA = Reale Wachstumsrate des Bruttosozialprodukts in %[56]
(6) R = unerklärte Restschwankung
b_0 = Regressionskonstante; Wert: 0,3759
b_1, - b_4 = Regressionskoeffizienten; Werte: -0,0011; 0,000000005; -0,0039; 0,0035

R^2:

> Das Modell weist ein Bestimmtheitsmaß von 0,7944 auf. Der F-Test auf das R^2 ergibt einen Wert von 18,35, was einem Sicherheitsniveau von 0,99 genügt. Die Werte des t-Testes auf die Regressionskoeffizienten entsprechen einem Sicherheitsniveau von 0,99. Der multiple Korrelationskoeffizient beträgt 0,89.

Bild (8) zeigt Ist- und Modellwerte für den Potentialanteil von $Segment_2$.

[52] Anzahl der Zulassungen von $Segment_2$ dividiert durch Gesamtmarktzulassung (halbjährlich).
[53] Siehe Kap. 5. 2. 2.
[54] Siehe Anlagen 1 und 2.
[55] Drei-Monatsgeld; siehe Anlagen 1 und 2.
[56] Siehe Anlagen 1 und 2.

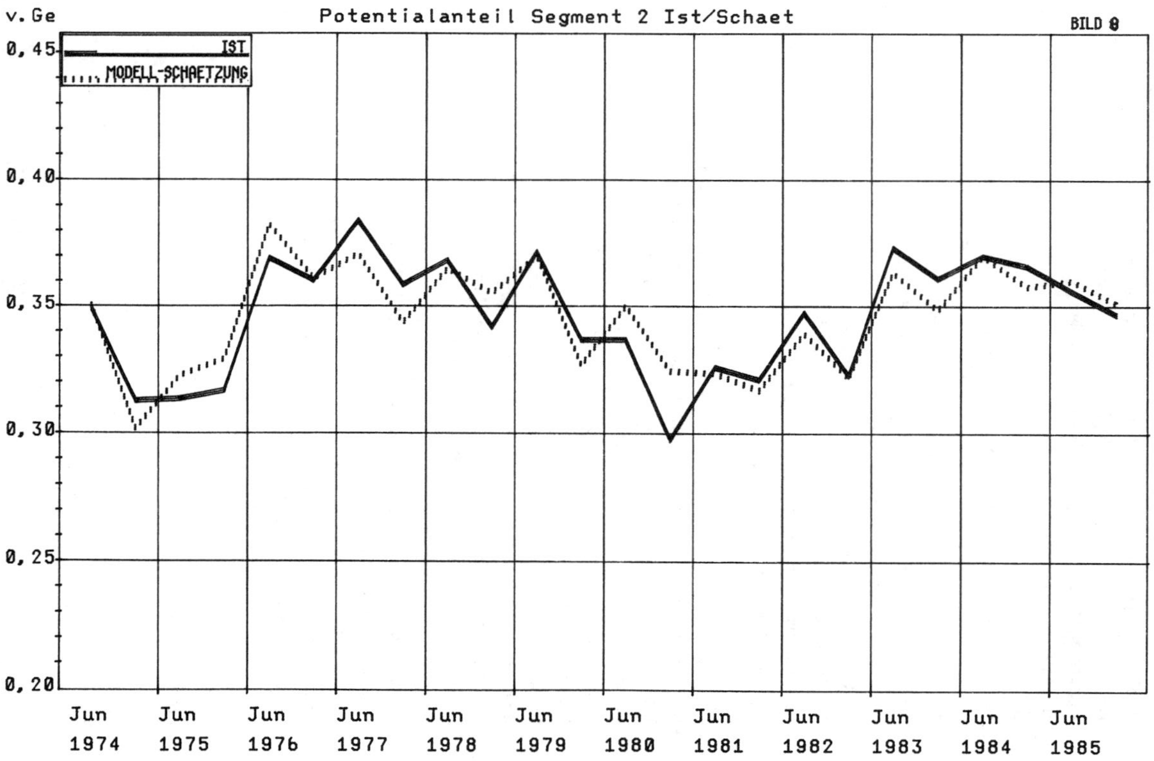
v. Ge
Potentialanteil Segment 2 Ist/Schaet
BILD 8
IST
MODELL-SCHAETZUNG
0,45
0,40
0,35
0,30
0,25
0,20
Jun 1974
Jun 1975
Jun 1976
Jun 1977
Jun 1978
Jun 1979
Jun 1980
Jun 1981
Jun 1982
Jun 1983
Jun 1984
Jun 1985

Zu (2)

Hier ergibt sich eine negative Korrelation zwischen dem Potentialanteil von $Segment_2$ und der $Segmentattraktivität_3$. Je attraktiver das Nachbarsegment ist, desto mehr Zulassungen werden in diesem Segment erfolgen. Daraus folgt aber eine Abnahme des Anteils des betrachteten Segments.

Zu (3)

Es liegt ein positiver Zusammenhang zwischen Gesamtmarktentwicklung und dem Potentialanteil von $Segment_2$ vor. Wenn man sich an das Gesamtmarktmodell erinnert, so erscheinen Nettolohn- und -gehaltssumme als positive, Zinsen und Autokosten als negative Einflußgrößen. Gestalten sich diese Einflußgrößen positiv für die Gesamtmarktlage, so entsteht auch eine Atmosphäre, die für den Wechsel von einer niedrigen Automobilklasse ($Segment_1$) zu einer höheren (z. B. $Segment_2$) günstig ist. Deshalb ergibt sich der positive lineare Zusammenhang.

Zu (4)

Ein negativer Zusammenhang zwischen Zins und dem Potentialanteil von $Segment_2$ wurde ermittelt. Offenbar steigen Neuwagenkäufer bei steigenden Zinsen auf eine niedrigere Klasse[57] und bei sinkenden Zinsen auf eine höhere um. Kreditkosten spielen also eine große Rolle. Hinzu kommt, daß der Zins auch eine negativ korrelierte Einflußgröße im Gesamtmarktmodell darstellt. Daraus folgt, daß der Zins über den Gesamtmarkteinfluß negativ, hier jedoch als direkte unabhängige Variable positiv eingeht. Somit ist der Zins als direkte Einflußgröße auch als Korrektiv der indirekten Zinswirkung aus Punkt (3) zu verstehen.

Zu (5)

Ein positiver Zusammenhang zwischen realer BSP-Wachstumsrate und dem $Potentialanteil_{S2}$ wurde festgestellt. Offensichtlich werden potentielle Käuferschichten von Fahrzeugen des $Segments_2$ beim Anwachsen des realen Bruttosozialproduktes wirtschaftlich besonders positiv beeinflußt.

[57] Vgl. Kap. 5. 2. 1.

Überraschend ist bei diesem Modell zunächst die Tatsache, daß die Segmentattraktivität$_2$ nicht eingeht. Bei näherer Analyse muß wohl der Grund dafür in der engen Korrelation zwischen Segmentattraktivität$_1$ und Segmentattraktivität$_2$ gesucht werden. Segmentattraktivität$_2$ und Potentialanteil von Segment$_2$ sind positiv korreliert, Segmentattraktivität$_{S1}$ und Segmentattraktivität$_{S2}$ ebenfalls. Ein Anstieg des Potentialanteils von Segment$_1$ hat jedoch tendenziell eine Abnahme des Potentialanteils von Segment$_2$ zur Folge. Vor diesem Hintergrund ist die Ignorierung dieser Variablen durch das Erklärungsmodell verständlich.

5. 3. 3 Modell für den Potentialanteil von $Segment_3$

Aus den zu dieser Variablen formulierten Hypothesen wurde mittels sequenzieller Regression folgendes Modell ausgewählt:

$$PA_{S3} = c_0 + c_1 * S_1 + c_2 * S_3 + c_3 * Z + c_4 * SP + c_5 * WAGES + R$$

alle Größen auf Periode t bezogen, wobei:

(1) PA_{S3} = Potentialanteil von $Segment_3$[58]

(2) S_1 = $Segmentattraktivität_1$[59]

(3) S_3 = $Segmentattraktivität_3$[60]

(4) Z = Zinssatz[61]

(5) SP = Sparquote[62]

(6) WAGES = Wachstumsrate des Gesamtmarktes in %[63]

c_0 = Regressionskonstante; Wert: 0,3579

c_0 - c_5 = Regressionskoeffizienten; Werte: -0,0021; 0,0027; -0,0036; -0,0064; -0,0002

R^2:

Das Modell weist ein Bestimmtheitsmaß von 0,9721 auf. Der F-Test auf das R^2 ergab einen Wert von 125,42, was einem Sicherheitsniveau von mindestens 0,99 entspricht. Der multiple Korreleationskoeffizient beträgt 0,99. Der T-Test auf die Regressionskoeffizienten genügt in jedem Fall einem Sicherheitsniveau von 0,99.

Bild (9) zeigt Ist- und Modellwerte für den Potentialanteil von $Segment_3$.

[58] Zulassungen im $Segment_3$ dividiert durch Gesamtmarktzulassungen.

[59] Siehe Kap. 5. 2. 2.

[60] Siehe Kap. 5. 2. 2.

[61] Drei-Monatsgeld, s. Anlagen 1 und 2.

[62] Siehe Anlagen 1 und 2.

[63] Gesamtzulassungen (t) - Gesamtmarktzulassungen (t - 1) dividiert durch Gesamtmarktzulassungen in (t - 1) und multipliziert mit Hundert.

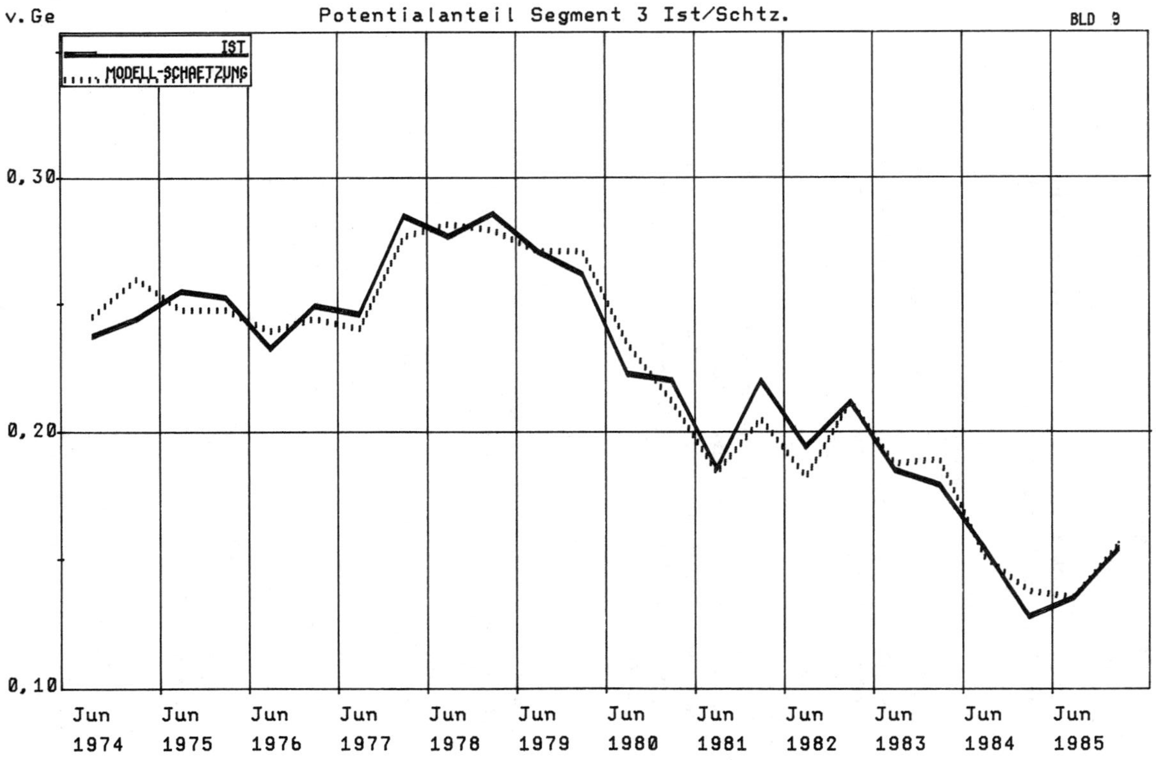

v.Ge
Potentialanteil Segment 3 Ist/Schtz.
BLD 9
IST
MODELL-SCHAETZUNG
0,30
0,20
0,10
Jun 1974
Jun 1975
Jun 1976
Jun 1977
Jun 1978
Jun 1979
Jun 1980
Jun 1981
Jun 1982
Jun 1983
Jun 1984
Jun 1985

Zu (1)

Hier ergibt sich ein negativer linearer Zusammenhang zwischen Attraktivität von Segment 1 und Segmentanteil 3 aus den oben genannten Gründen.

Zu (2)

Hier liegt ein positiver linearer Zusammenhang zwischen Segmentattraktivität$_3$ und Potentialanteil von Segment$_3$ vor; siehe Gründe oben.

Zu (3)

Es wurde ein linearer negativer Zusammenhang zwischen Zins und Potentialanteil von Segment$_3$ ermittelt. Da man bei niedrigeren Kreditkosten eher bereit sein wird, auf Automobile höherer Klassen umzusteigen und der Zinssatz positiv mit Segmentanteil$_{S1}$ korreliert ist[64], wirkt der Zinseinfluß auf die Segmentanteile in sich stimmig.

Zu (4)

Je geringer die Sparquote, desto größer ist die Konsumquote. Bei hohem Konsumniveau dürfte also die Bereitschaft, sich ein Automobil der gehobenen Mittelklasse zu kaufen, entsprechend hoch liegen. Deshalb folgt eine negative Beziehung zwischen Sparquote und Potentialanteil$_{S3}$.

Zu (5)

Die Käufergruppe des Segmentes$_3$ dürfte weniger als die unteren Segmente konjunkturabhängig sein. Segment$_3$ müßte also beim Anspringen der Automobilmarktkonjunktur weniger stark wachsen, bei Abnahme weniger stark abnehmen als die beiden unteren Segmente[65], welche den Hauptteil des Gesamtmarktes ausmachen. Die unteren Segmente profitieren also beim Anwachsen des Gesamtmarktes stärker und verlieren bei Abnahme stärker, weil - wie man am Gesamtmarktmodell sehen konnte - neue Käuferschichten, welche Kunden der unteren Segmente darstellen, bei einer günstigen Konstellation der Gesamtmarkteinflußgrößen angesprochen werden. Daraus ergibt sich eine negative Beziehung zwi-

64 Vgl. Kap. 5. 3. 1.

65 Vgl. Kap. 5. 3. 2.

schen dem Potentialanteil von $Segment_3$ und dem Gesamtmarktwachstum. Möglicherweise wird hierdurch auch ein Saisonalitätseffekt ausgeglichen, der in diesem Segment nicht so stark ist wie im Gesamtmarkt.

5. 3. 4 Modell für den Potentialanteil von $Segment_{S4}$

Das Segment der automobilen Oberklasse weist nur sehr geringe Schwankungen auf. Aus diesem Grund sind die Erklärungsmöglichkeiten wie auch das Erklärungsbedürfnis nicht sehr hoch. Ein vernünftiges statistisch gesichertes Erklärungsmodell nach obigen Muster konnte hier nicht erstellt werden. Deshalb wurde versucht, durch eine endogene Funktion eine möglichst gute Deskription zu erreichen. Hier wurde ein Trendextrapolationsverfahren angewandt, welches mit exponentieller Glättung arbeitet.

Da ein signifikanter Einfluß der Variablen '$Segmentattraktivität_{S4}$' nachweisbar ist, wird versucht, die endogen ermittelten Prognosewerte aufgrund der Werte der Variablen '$Segmentattraktivität_{S4}$' subjektiv zu korrigieren.

5. 4 Prognose der verwendeten Einflußgrößen

Mit einem Erklärungsmodell für die Vergangenheit ist das Prognoseproblem noch nicht gelöst. Eine Prognose der abhängigen Variablen auf der Basis der obigen Modelle würde aufgrund der Zukunftswerte der unabhängigen Variablen erfolgen. Damit ergibt sich ein Prognoseproblem für die unabhängigen Variablen. Folgende Variable haben in den Modellen Verwendung gefunden:

(1) Anteil der]30 - 40]jährigen
(2) Segmentattraktivität (Segment 1 und 3)
(3) Gesamtmarktzulassungen
(4) Wachstumsrate der Gesamtzulassungen
(5) Wachstumsrate der realen Kraftstoffkosten
(6) Zinssatz
(7) Arbeitslosenquote
(8) Realwachstumsrate des BSP
(9) Sparquote

Zu (1)
Eine Prognose dieser Variable ist relativ einfach zu bewerkstelligen. Die Gruppe der 31 - 40jährigen in x-Jahren entspricht der Gruppe der (31 - x) - (40 - x)jährigen zum jetzigen Zeitpunkt abzüglich der für diesen Zeitraum üblichen Absterbequote. Im übrigen sind solche Bevölkerungsprognosen sehr leicht von demoskopischen Instituten zu erhalten[66].

Zu (2)
Die Segmentattraktivität beruht auf subjektiven Expertenurteilen. Da man über den Zeitpunkt des Erscheinens einer neuen Modellreihe und deren Bedeutung in der Automobilindustrie relativ gut Bescheid weiß, ergibt sich auch hier kein Prognoseproblem für einen Zeitraum von bis zu etwa 5 Jahren. Für die Schätzung von Segmentattraktivität (1) besteht jedoch beim beobachteten Automobil-

[66] Vgl. Eurostat Prognos.

hersteller größere Unsicherheit, da in diesem Segment zur Zeit nicht operiert wird und daher der Informationsbedarf wie auch die Kenntnisse nicht so stark sind wie bezüglich der anderen Segmente. Grundsätzlich besteht jedoch kein Problem. Für längere Zeiträume siehe zu (5) - (9).

Zu (3) und (4)
Diese Variablen können mit Hilfe des unter Kap. 2. 3 vorgestellten Modells ermittelt werden.

Zu (5) - (9)
Diese Variablen werden zum Gegenstand einer Szenario-Betrachtung gemacht, wobei Ergebnisse der Wirtschaftsforschungsinstitute als mittlere Werte verwendet werden.

Um nun zu testen, ob eine solche Vorgehensweise empirisch vertretbar ist, wird ein retrospektiver Test aufgrund des Kenntnisstandes von 1973 durchgeführt.

Optimistische, mittlere und pessimistische Annahmen sind nun jeweils in Bezug auf das zu betrachtende Modell zu sehen. Ein hoher Zinssatz stellt für den Potentialanteil von $Segment_1$ einen optimistischen, für Potentialanteil von $Segment_3$ einen pessimistischen Szenario-Wert dar. Aus diesem Grunde sind die einzelnen Szenarien jedem Modell separat angepaßt.

Für jedes Modell werden Szenarien jeweils für zwei verschiedene Zeitpunkte aufgestellt (2,5 und 11 Jahre nach der ersten Testperiode). Die Werte für die unabhängigen Variablen beginnen mit den Ist-Werten der ersten Testperiode. Die folgenden Werte stellen Interpolationen zwischen den Ist-Werten der ersten Periode und den Szenario-Werten nach 2,5 bzw. nach 11 Jahren dar. Wie schon erwähnt, kann die Variable 'Segmentattraktivität' für einen Zeitraum bis zu 5 Jahren als sicher gelten. Deshalb erscheint diese Variable in den Szenarien nach 2,5 Jahren nicht. Sie wird jedoch im Szenario nach 11 Jahren aufgeführt. Bis zu 5 Jahren wird somit mit den Ist-Werten der Variablen 'Segmentattraktivität', ab 5 Jahren mit den Interpolationen zwischen Ist-Werten nach 5 Jahren und Szenario-Werten nach 11 Jahren gearbeitet.

Bild (10) zeigt einen retrospektiven Test für Potentialanteil$_{S1}$. Er beruht auf folgenden Annahmen:

Szenario nach 2,5 Jahren:

Einflußgrößen	optimistisch	mittel	pessimistisch
Zins	12%	6%	3%
Wachstumsrate der realen Kraftstoffkosten/Jahr	14%	6%	0%

Szenario nach 11 Jahren:

Einflußgrößen	optimistisch	mittel	pessimistisch
Zins	14%	6%	1%
Wachstumsrate der realen Kraftstoffkosten/Jahr	16%	6%	-2%
Segmentattraktivität Segment$_1$	145	126	105
Segmentattraktivität Segment$_3$	45	60	75

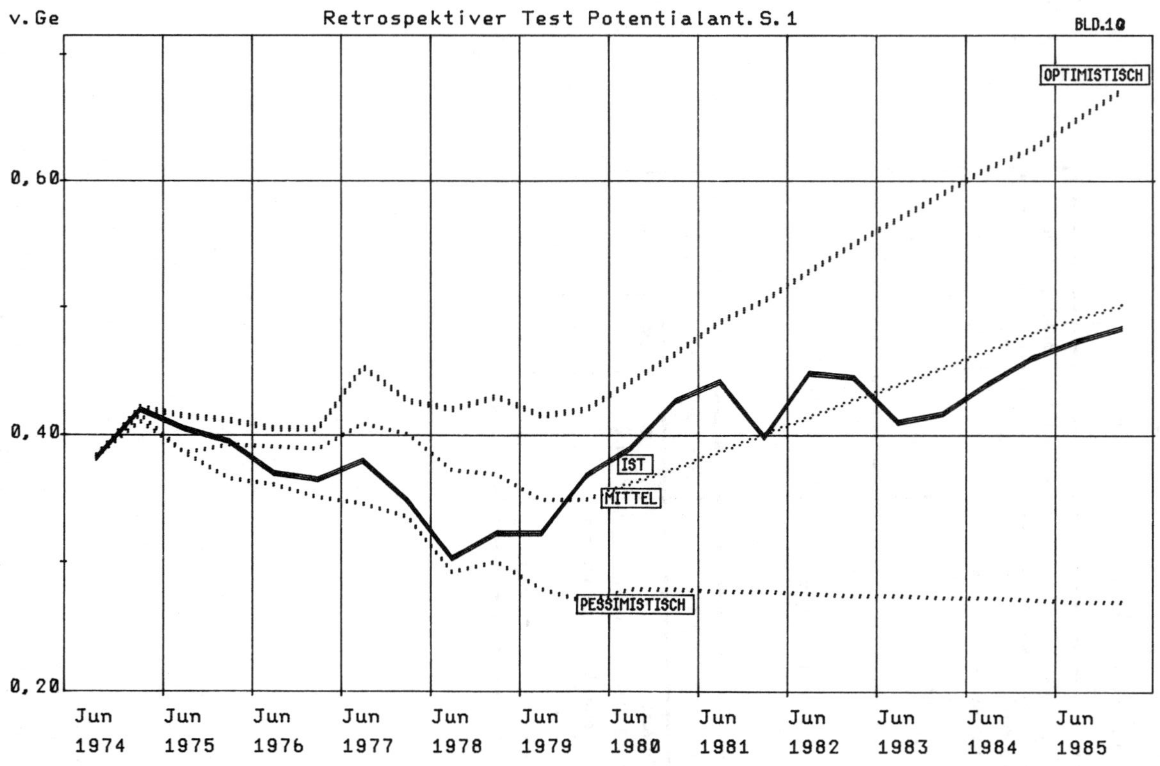
v. Ge
Retrospektiver Test Potentialant. S. 1
BLD.10
OPTIMISTISCH
IST
MITTEL
PESSIMISTISCH
0,60
0,40
0,20
Jun 1974
Jun 1975
Jun 1976
Jun 1977
Jun 1978
Jun 1979
Jun 1980
Jun 1981
Jun 1982
Jun 1983
Jun 1984
Jun 1985

Bild (11) zeigt einen retrospektiven Test für den Potentialanteil von $Segment_2$. Er beruht auf folgenden Annahmen:

Szenario nach 2,5 Jahren:

Einflußgrößen	optimistisch	mittel	pessimistisch
Zinssatz	3%	6%	12%
Reale BSP-Wachstumsrate in %	7%	1%	-5%
Gesamtmarkt in Mio Zulassgn.			
1. Halbjahr	1,6	1,35	0,9
2. Halbjahr	1,2	0,9	0,6

Szenario nach 11 Jahren:

Einflußgrößen	optimistisch	mittel	pessimistisch
Zinssatz	1%	6%	14%
Reale BSP-Wachstumsrate in %	9%	1%	-7%
Gesamtmarkt in Mio Zulassgn.			
1. Halbjahr	1,8	1,35	0,7
2. Halbjahr	1,4	0,9	0,45
Segmentattraktivität $Segment_3$	45	60	75

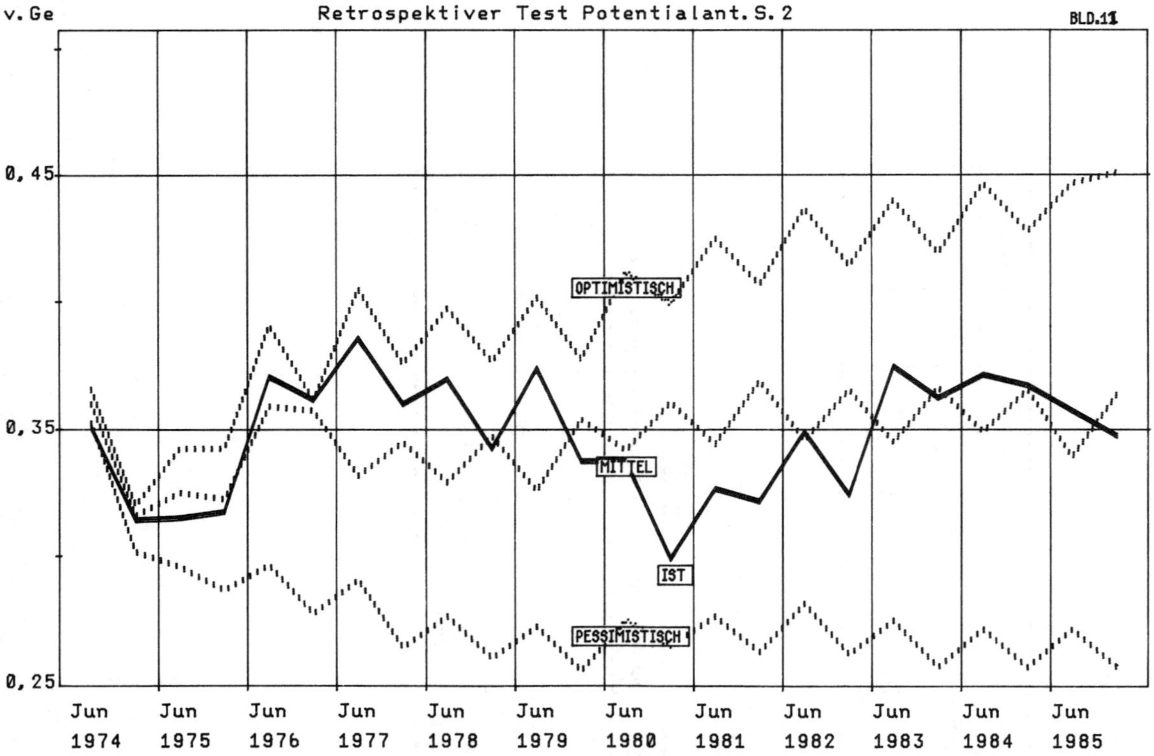

v. Ge
Retrospektiver Test Potentialant. S. 2
BLD.11
0,45
0,35
0,25
OPTIMISTISCH
MITTEL
IST
PESSIMISTISCH
Jun 1974
Jun 1975
Jun 1976
Jun 1977
Jun 1978
Jun 1979
Jun 1980
Jun 1981
Jun 1982
Jun 1983
Jun 1984
Jun 1985

Bild (12) zeigt einen retrospektiven Test für den Potentialanteil von $Segment_3$. Er beruht auf folgenden Annahmen:

Szenario nach 2,5 Jahren:

Einflußgrößen	optimistisch	mittel	pessimistisch
Zinssatz	3%	6%	12%
Sparquote	11%	13,8%	17%
Wachstumsrate Gesamtmarkt			
1. Halbjahr	20%	28%	40%
2. Halbjahr	-35%	-30%	-20%

Szenario nach 11 Jahren:

Einflußgrößen	optimistisch	mittel	pessimistisch
Zinssatz	1%	6%	14%
Sparquote	9%	14%	19%
Wachstumsrate Gesamtmarkt			
1. Halbjahr	18%	28%	45%
2. Halbjahr	-40%	-30%	-15%
Segmentattraktivität $Segment_1$	105	125	145
Segmentattraktivität $Segment_3$	75	60	45

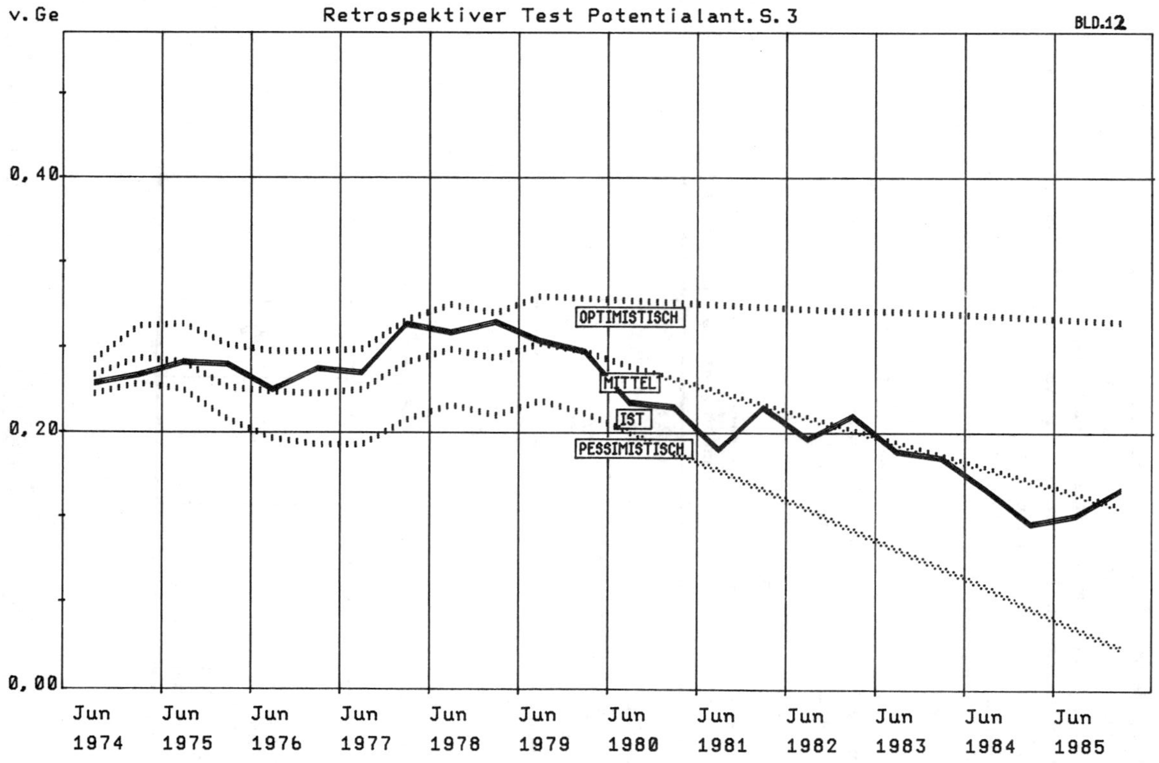
v.Ge
Retrospektiver Test Potentialant.S.3
BLD.12
0,40
0,20
0,00
OPTIMISTISCH
MITTEL
IST
PESSIMISTISCH
Jun 1974
Jun 1975
Jun 1976
Jun 1977
Jun 1978
Jun 1979
Jun 1980
Jun 1981
Jun 1982
Jun 1983
Jun 1984
Jun 1985

5. 5 Prognose der Potentialanteile der einzelnen Segmente

Die Prognose erfolgt, wie bereits im Kap. 5. 4 ausgeführt, aufgrund eines Szenarios für die 'unsicheren Variablen'. Wie auch schon das Gesamtmarktmodell, so sind auch die Potentialanteilmodelle nicht auf einen bestimmten Zeitraum hin konzipiert. Für verschiedene Zeithorizonte müssen jedoch unterschiedliche Bedingungen für die Annahmesätze berücksichtigt werden. Für Zeithorizonte, die etwa 5 Jahre übersteigen, müßten für die 'Segmentattraktivitäten' unterschiedliche Annahmen getroffen werden.

Bild (13) zeigt exemplarisch die Prognose des Potentialanteils von Segment$_3$. Dabei wird analog der retrospektiven Prognose vorgegangen. Es liegt folgender Annahmesatz zugrunde:

Szenario nach 2,5 Jahren:

Einflußgrößen	optimistisch	mittel	pessimistisch
Zinssatz	3%	6%	12%
Sparquote	11%	13%	16%
Wachstumsrate Gesamtmarkt			
1. Halbjahr	20%	30%	40%
2. Halbjahr	-35%	-30%	-20%

Szenario nach 10 Jahren:

Einflußgrößen	optimistisch	mittel	pessimistisch
Zinssatz	1%	6%	14%
Sparquote	10%	13%	17%
Wachstumsrate Gesamtmarkt			
1. Halbjahr	18%	30%	40%
2. Halbjahr	-40%	-30%	-21%
Segmentattraktivität Segment$_1$	100	120	140
Segmentattraktivität Segment$_3$	90	70	50

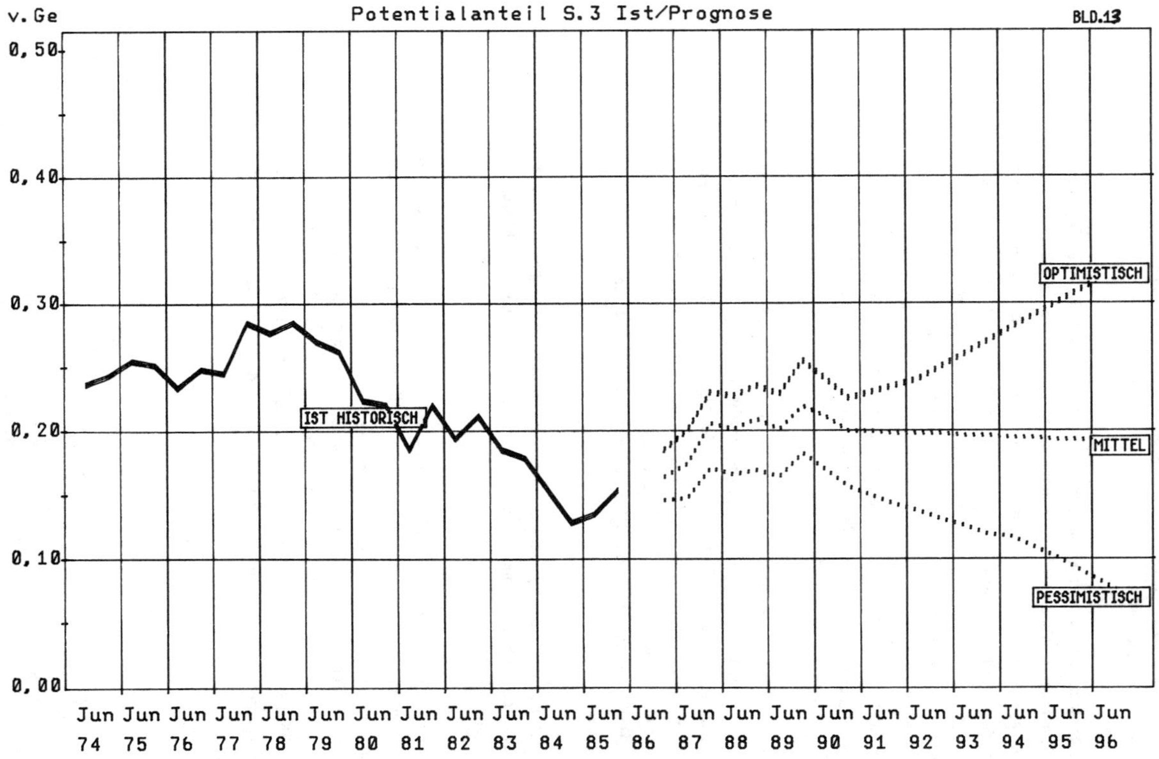
v. Ge
Potentialanteil S.3 Ist/Prognose
BLD.13
0,50
0,40
0,30
0,20
0,10
0,00
IST HISTORISCH
OPTIMISTISCH
MITTEL
PESSIMISTISCH
Jun 74
Jun 75
Jun 76
Jun 77
Jun 78
Jun 79
Jun 80
Jun 81
Jun 82
Jun 83
Jun 84
Jun 85
Jun 86
Jun 87
Jun 88
Jun 89
Jun 90
Jun 91
Jun 92
Jun 93
Jun 94
Jun 95
Jun 96

Wie auch schon in Kap. 3. 4 erwähnt, handelt es sich hier um ein mögliches Szenario, andere Annahmesätze sollen und können mit Hilfe des Modells durchgerechnet werden.

Ein Problem für die Prognose ergibt sich daraus, daß die vier Segmentanteile nicht unabhängig voneinander sind, sondern ein in sich geschlossenes System darstellen, welches sich zu 1 addieren muß. Dieses System aber wird durch 4 Modelle erfaßt, welche teilweise verschiedene unabhängige Variable enthalten. Nun sind diese Erklärungsvariablen nicht unabhängig voneinander, sondern stehen ebenfalls in mehr oder weniger starken Abhängigkeitsbeziehungen zueinander, so daß die in den jeweiligen Modellen verwendeten Variablen auch die Bewegung der anderen unabhängigen Variablen mit berücksichtigen, ohne in den Erklärungsmodellen selbst vorhanden zu sein.

Als Maß für die Konsistenz der 4 Erklärungselemente mag gelten, in wie weit sich die Summe der Prognosergebnisse der 4 Modelle vom eigentlich notwendigen Wert 1 unterscheiden. Hier ergab sich (bei Zugrundelegung der mittleren Werte für die Variablen) eine maximale Abweichung der Summe der Prognosewerte über 10 Prognoseperioden vom Definitionswert 1 von 3,7 %. Dies dürfte für die Konsistenz der 4 Prognosemodelle sprechen.

Ferner können die Prognosewerte eines Potentialanteils anhand der Prognosewerte für die Potentialanteile der restlichen Segmente überprüft werden.

Weiterhin muß bedacht sein, daß Einflußgrößen auf die Potentialanteile der Segmente oft eine entgegengesetzte Wirkungsrichtung aufweisen als auf die Gesamtmarktzulassungen, welche die Basis darstellen (Beispiel Zins: positive Wirkung auf Potentialanteil von $Segment_1$, negative Wirkung auf Gesamtmarkt). Insofern muß eine optimistische Konstellation der Einflußgrößen auf den relativen Anteil der Zulassungen von $Segment_1$ nicht a priori optimistisch für die Absolutzahl der Zulassungen sein.

6. DIE ERKLÄRUNG VON MARKTANTEILEN IN DER LITERATUR

Wieviel ein Unternehmen absetzt, und wie es sich auf diesen Absatz einstellen kann, sind Bestimmungsfaktoren für das Überleben einer Unternehmung.

Daß hier nicht der Absatz sondern der Marktanteil betrachtet wird, liegt an zwei Gründen. Zum einen ist der Absatz aus dem Marktanteil ableitbar, zum anderen wird durch den Marktanteil die Konkurrenzbeziehung nähergebracht. Gerade bei Märkten, die sich in der Nähe der Sättigungsgrenze befinden - dies sind in der BRD die meisten - kann eine Absatzsteigerung (bei konstanter Nachfrage) nur auf Kosten der Konkurrenz erfolgen[67].

Betrachtet man also Marktanteile in gesättigten Märkten, so steht die Wahl der Nachfrager im Vordergrund. Eine Erklärung der Marktanteile kann folglich nur über Variable, die auf die Entscheidung der Nachfrager wirken, erfolgen. In der Literatur liegen zu diesem Thema mehrere empirische Studien vor[68]. Analog einer von Kotler vorgeschlagenen Modelltypologie unterscheidet man zwischen Makro- und Mikromodellen[69], welche sich auf den Umsatz, auf die absolute oder relative Absatzhöhe beziehen. Im folgenden soll jedoch nur der Marktanteil als abhängige Modellvariable erwähnt werden.

Makromodelle sind auf einer relativ hochaggregierten Ebene angesiedelt. Hier unterscheidet man zwischen globalen und partiellen Makromodellen.

Globale Makromodelle stellen die gröbste Form der Modellbildung dar. Bei solchen Modellen wird der Marktanteil auf das ganze Unternehmen bezogen betrachtet, in Abhängigkeit von ebenfalls hochaggregierten Mar-

67 Vgl. BRUSE, 1979, S. 474ff.

68 Vgl. PASSON/SCHULZ, 1976.

69 Vgl. HANSSMANN, 1982, S. 113ff.

keting-Variablen des betrachteten Unternehmens sowie der Konkurrenz. Als Beispiel kann hier das Corporate - Marketing - Modell von Kotler[70] angeführt werden.

In seinem Ansatz wird bei der Erklärung des Marktanteils folgender Funktionszusammenhang unterstellt:

$$M_{it} = \frac{MM_{1it}^{-e1}\ MM_{2it}^{e2}\ MM_{3it}^{e3}\ MM_{4it}^{e4}}{\sum_{i=1}^{N} MM_{1it}^{-e1}\ MM_{2it}^{e2}\ MM_{3it}^{e3}\ MM_{4it}^{e4}}$$

i	=	Index der Anbieter
N	=	Gesamtzahl der Anbieter
MM 1	=	Preis
MM 2	=	Werbung
MM 3	=	Distribution
MM 4	=	Produktqualität
e1, e2, e3, e4	=	entsprechende Elastizitäten

Der dargestellte Gleichungstyp bedingt aufgrund seiner nichtlinearen Struktur Probleme bei der Anwendung.

Partielle Makromodelle arbeiten auf einer niedrigeren Aggregationsstufe. Hier wird der relative Absatz des gesamten Unternehmens nach bestimmten Gesichtspunkten aufgespaltet. Kriterien einer Untergliederung stellen in der Praxis meist Produkte oder Regionen dar. Für jede dieser untergliederten Komponenten wird dann ein Modell erstellt, welches mit Erklärungsvariablen arbeitet, welche einen Disaggregationsgrad entsprechend der Untergliederung der abhängigen Variablen aufweisen. Das oben angeführte Modell von Kotler wäre ohne Schwierigkeiten auf dieser Ebene verwendbar, indem man als abhängige Variable beispielsweise

[70] Vgl. Kotler, 1971, S. 675ff.

den Marktanteil in einer bestimmten Region betrachtet. Die Erklärungsvariablen müßten sich dann ebenfalls auf diese Region beziehen.

Partielle Makromodelle sind aufgrund des höheren Detailliertheitsgrades aufwendiger als Globalmodelle, es sind jedoch ebenfalls detaillierte Ergebnisse ableitbar.

Mikromodelle setzen auf der Ebene des einzelnen Kunden an. Man unterscheidet mikroanalytische und Mikroverhaltensmodelle[71].

Bei mikroanalytischen Modellen wird versucht, den Marktanteil auf Beiträge einzelner Kunden zurückzuführen.

Typisch wäre folgende Aufspaltung:

$$M_{it} = \frac{K_{it} \times D_{it}}{\sum_{i=1}^{N} K_{it} \times D_{it}}$$

Hierbei bezeichnet i den Index des Anbieters, t den Index der Zeit, M_{it} den Marktanteil des Anbieters i bezogen auf dessen Absatz zum gesamten Branchenabsatz, K_i die Anzahl der Kunden, welche sich für Produkte des Anbieters i entscheiden, D_i die Durchschnittsabsatzmenge an Produkten des Anbieters.

Aus dieser Zerlegung lassen sich Hinweise auf Möglichkeiten zur Verbesserung des Marktanteils ableiten (relative Erhöhung von K_i und/oder D_{it}). Wirkungen von Maßnahmen der Anbieter lassen sich jedoch nicht direkt ableiten, wären jedoch in einem zweiten Schritt modellierbar.

Mikroverhaltensmodelle versuchen Marktanteile aus dem Kaufverhalten einzelner Kunden und der Einwirkung der Marketingmaßnahmen auf dieses Verhalten zu erklären. Meist werden 'Kaufwahrscheinlichkeiten',

[71] Vgl. Hanssmann, 1982, S. 114ff.

d. h. die Kaufneigung eines Kunden gegenüber einer bestimmten Marke zu modellieren versucht, wobei man annimmt, daß sich diese bei verschiedenen Käufergruppen verschieden gestalten wird. Käufergruppen werden hier meist nach sozioökonomischen Charakteristiken unterschieden. Beispielsweise wäre folgender Ansatz denkbar:

$$M_{it} = \frac{\sum_{j=1}^{0} K_j \times P_{ij}}{\sum_{i=1}^{N} \sum_{j=1}^{0} K_j \times P_{ij}}$$

Hierbei stellt j den Index der Käufergruppen, K_j die Anzahl der Käufer in Käufergruppe j und p_{ij} die Wahrscheinlichkeit dar, daß ein Käufer der Käufergruppe j ein Produkt des Anbieters i erwirbt.

In einem zweiten Schritt müßte nun der Einfluß von Marketing-Aktivität auf die Kaufwahrscheinlichkeiten$_{ij}$ ermittelt werden.

Der Nachteil dieses Modelltypus ist vor allem im hohen Modellierungsaufwand zu finden, welcher das der anderen Modelle oft um ein Vielfaches übertrifft.

Welcher Modelltyp für welches Modell angewandt werden sollte, ist nur im Einzelfall zu entscheiden, generell ist jedoch immer der unterschiedliche Aufwand zu bedenken.

Obige Modelle wurden vor allem auf die Konsumgüterindustrie angewandt. Als Einflußfaktoren erscheinen deshalb in der Literatur meist Marketing-Variable. Da jedoch auch noch andere Variable als Marketing-Aktivitäten im engeren Sinne denkbar sind, sollten diese in den jeweiligen Modellen berücksichtigt werden. Bei den obigen Modelltypen ist eine Miteinbeziehung von weiteren Erklärungsvariablen durchaus denkbar.

6. 1 Mögliche Einflußgrößen auf Marktanteile

Es sind folgende Bereiche zu nennen:

(1) Produkteigenschaften in ihrer jeweiligen Konkurrenzbeziehung
(2) Absatzpolitische Instrumente in ihren jeweiligen Konkurrenzrelationen
(3) Branche/Hersteller/Konkurrenten

Zu (1)
Hier sind alle dem Produkt direkt zuzuordnenden Eigenschaften anzuführen, jeweils in Relation zur Konkurrenz. Was im einzelnen zu berücksichtigen ist, dürfte von dem zu betrachtenden Produkt abhängen. Ich möchte hier nur allgemeine Variable nennen:

a) objektive Produkteigenschaften.
Hier sind konkrete Daten des Produktes anzuführen, wie z. B. Länge, Breite, Haltbarkeit, Preis usw.
b) subjektive Produkteigenschaften,
welche nicht als konkrete Produktdaten, sondern mehr als Produktausstrahlung wahrgenommen werden. Hier wären beispielsweise die Variable **Styling** und **Produktimage** zu nennen, wobei ich hier auf die Interdependenz Produkt- und Firmenimage hinweisen möchte, welche nicht getrennt voneinander gesehen werden können. Zum einen wird das Firmenimage wohl historisch zumeist durch die Produkte geprägt, ein neues Produkt jedoch, welches in seiner Eigenschaft von der Dekomposition des Firmenimages abweicht, kann vom Image profitieren, bzw. darunter leiden.

Zu (2)
Hierzu zählen alle klassischen Absatzinstrumente, wie auch die Handelsorganisation.

a) Handelsorganisation
Hier ist die Struktur des Vertriebes angesprochen, wie auch dessen Qualität. Bei der Struktur sind zwei idealtypische Gegensatzpaare zu nennen: zum einen Direktvertrieb, zum anderen Vertrieb über

stark untergliederte Handelsorganisationen. Welche Art der beiden Typen, bzw. welche Zwischenstufe positiv bzw. negativ auf den Marktanteil wirken wird, kann nur im Einzelfall entschieden werden. Bei der Qualität dürfte die Antwort offensichtlich sein. Unter Qualität sind Variable zu verstehen, die von Pünktlichkeit der Lieferung bis zu Freundlichkeit des Personals reichen.

b) Serviceleistungen

Eine Variable, die sich in die beiden Ausprägungen Organisation und Qualität aufspalten läßt. Die Organisation hängt stark von der Struktur der Handelsorganisation ab. Hier wird festgelegt, ob man beispielsweise ein reparaturbedürftiges Produkt an den Hersteller einschicken muß, ob man es zu einer nahen Verkaufsstelle bringen kann, oder ob es sogar abgeholt wird. Die Qualität des Services wird dadruch bestimmt, wie die möglichen Leistungen erbracht werden.

c) Werbung und Verkaufsförderung

Bei der Werbung könnte man Quantität und Qualität anführen; bei der Verkaufsförderung besondere Rabatte, Skonti oder spezielle Lieferbedingungen.

Zu (3)

Hier soll eigentlich keine neue Einflußgröße im Sinne der obigen eingeführt werden, sondern lediglich die Situationsanhängigkeit der obigen Variablen betont werden. Die Konkurrenzverhältnisse sind in jeder Branche anders gelagert, so daß Variable anders oder vielleicht gar nicht wirken. Auf oligopolistischen Märkten beispielsweise ist zu beobachten, daß Preise wenig wirken, weil sie, um einen ruinösen Wettbewerb zu verhindern, nicht als aggressives Marketing-Instrument eingesetzt werden. In Verkäufermärkten dürften völlig andere Gesetzmäßigkeiten gelten.

In unterschiedlichen Märkten besteht auch unterschiedliche Markttransparenz, so daß auch aus diesem Grund die obigen Variablen verschieden wirken können.

Firmenspezifisch werden auch Unterschiede zu beobachten sein. Denkbar ist der Fall, daß ein Firmenimage so positiv besetzt ist, daß fast unabhängig von der Produktqualität gekauft wird.

Ferner sind Beteiligungsverhältnisse interessant, aufgrund derer Produkte unabhängig von einer objektiven Entscheidung abgenommen werden müssen.
Außerdem ist es möglich, daß eine besondere Konkurrenzsituation gesondert durch spezielle Variable oder Wirkungsfunktionen erfaßt werden muß. Beispielsweise ist der Fall denkbar, daß identische Produkteigenschaften bei verschiedenen Herstellern unterschiedlich wahrgenommen werden oder deren Änderung unterschiedliche Auswirkungen auf den Absatz des betrachteten Herstellers zeigt.

In all diesen Argumenten wird deutlich, daß für jede Situation, also für jede Branche, Firma und für jedes Produkt eigene maßgeschneiderte Modelle verwendet werden müssen, welche zwar in ihrer Grundstruktur durchaus identisch sein können, jedoch die Besonderheiten der Situation in der Wirkungsweise und, wenn nötig, in gesonderten Variablen erfassen müssen[72].

[72] Vgl. SCHÜLEN, 1985, S. 125.

7. SEGMENTWEISE MARKTANTEILSERKLÄRUNG IN DER AUTOMOBILINDUSTRIE

Wir befinden uns nun auf der dritten Stufe unserer Prognosesystematik. Nun soll der Marktanteil der Modellreihe eines bestimmten Herstellers im betreffenden Segment prognostiziert werden. Die historische Analyse sollte wiederum im Längsschnitt erfolgen.

7. 1 Spezifische Erklärungsmodelle für segmentweise Marktanteile eines bestimmten Herstellers

Im Folgenden werden zwei Modelle ähnlicher Struktur vorgestellt. Hier wurde in erster Linie versucht, eine Erklärung über Produkteigenschaften in Verbindung mit der lebenszyklischen Situation zu erreichen.

7. 1. 1 Modell für Modellreihe X in $Segment_3$

Zuerst wurde versucht, die Variable 'Relative Produkteigenschaften' zu operationalisieren, von welcher ein signifikanter Einfluß auf den Marktanteil erwartet wurde. Es gibt nun mehrere Möglichkeiten die Position einer Modellreihe auf einer Eigenschaftsdimension festzustellen:

(1) Befragung
(2) Verwendung von 'harten' Daten
(3) Dokumentenanalyse

Zu (1)
Da eine Längsschnittanalyse angestrebt wurde, ergibt sich das Problem des Fehlens historischer Befragungen von Konsumenten wie auch Experten. Nun könnte versucht werden, eine Befragung über den historischen Analysezeitraum durchzuführen. Die Gefahr, daß eine verklärte oder auch unzureichende Erinnerung (die Analyse geht immerhin 13 Jahre zurück) zu unbrauchbaren Werten führt, ist bei Konsumenten ziemlich hoch. Bei Experten dürfte durch die Beschäftigung mit der Materie die Erinnerung zwar besser sein, jedoch besteht die Gefahr, daß der Blick durch die 'Unternehmensbrille' getrübt ist.

Zu (2)

Hier sind Eigenschaften angesprochen, welche wegen ihrer Natur direkt in Rationalskalen angegeben werden (z. B. Länge in cm, Leistung in kw, Preis in DM, Alter in Perioden). Da eine Modellreihe jedoch Modelle enthält, die sich u. a. hinsichtlich ihrer Leistung und ihres Preises unterscheiden, muß mit irgendeinem resultierenden Wert gearbeitet werden. Ein ungewichteter Durchschnitt kommt nicht in Frage, da dann etwa Spitzenmodelle mit hoher Leistung eine Erhöhung der ungewichteten Durchschnittsleistung der Modellreihe bewirken würden, ohne daß eine entsprechende Steigerung des Marktanteiles damit verbunden wäre. Ein gewichteter Durchschnitt würde zwar für die Vergangenheitsanalyse hilfreich sein, ist jedoch schwer zu prognostizieren, da Zulassungswerte der einzelnen Modelle als Inputdaten benötigt würden. Bei Daten, die für die gesamte Modellreihe identisch sind (z. B. Länge, Alter der Modellreihe), erübrigt sich das Problem.

Zu (3)

Hier sind im wesentlichen Testberichte der Automobilfachzeitschriften anzuführen. Dabei entsteht nicht das Problem unzureichender Erinnerung, da diese Testberichte aus den jeweiligen historischem Perioden entnommen sind. Bewertungen der Produkteigenschaften lagen nur in einer Zeitschrift in brauchbar quantitativer Form vor[73]. Hier wurden im Rahmen von Vergleichstests den betrachteten Fahrzeugen Punktzahlen in den jeweiligen Eigenschafts-Dimensionen zugeordnet. Verglichen wurden jeweils einzelne Modelle, welche aufgrund ihrer Eigenschaften (u. a. Preis, Leistung, Ausstattung) als enge Konkurrenten gelten können. Die Punktzahlen sind dann auf dieses Konkurrenzniveau relativiert. Man möchte nun zunächst annehmen, daß nun dasselbe Problem entsteht wie bei den harten Daten, nämlich, daß die Ermittlung resultiernder Punktwerte für die Modellreihe aus den Punktwerten für die einzelnen Modelle auf Schwierigkeiten stößt. Da die Punktzahlen jedoch auf das Niveau der verglichenen Konkurrenzgruppe normiert sind, in ihrer Relation also angeben, wie gut die betrachteten Modelle in ihren jeweiligen direkten Konkurrenzgruppen 'liegen', kann der ungewichtete Durchschnitt der

[73] Auto, Motor und Sport.

relativierten Punktwerte der getesteten Modelle einer Modellreihe als Maß der relativen Position der Modellreihe in den Eigenschaftsdimensionen verstanden werden.

Als weiteres Problem bei Testberichten könnte man hier Parteilichkeit anführen. Da jedoch kein Grund zur Annahme bestand, daß eine mögliche Parteilichkeit in der Analyseperiode Schwankungen unterlegen ist, das heißt, daß entweder keine oder ständig dieselbe Parteilichkeit herrschte, so ergibt sich für die Analyse keine Problematik.

Im folgenden wurde nun bei der Operationalisierung der Variablen 'Relative Produkteigenschaften' eine Synthese der oben angeführten drei Möglichkeiten zu erreichen versucht[74].

Zunächst wurde wie folgt modelliert:

$$REPRO_1 = \frac{\sum_{k=1}^{6} \left(P_{xk} \times d_k \right)}{\sum_{i=1}^{5} c_i \times \sum_{k=1}^{6} \left(P_{ik} \times d_k \right)}$$

$REPRO_1$ = Version 1 der Variablen 'Relative Produkteigenschaften'
x = Index der betrachteten Modellreihe x
i = Index der Konkurrenzmodellreihen
k = Index der Produkteigenschaftsdimension k
P = erreichter durchschnittlicher gerundeter Punktwert
P_{ik} = erreichter durchschnittlicher, gerundeter Punktwert von Modellreihe i in Eigenschaftsdimension k
d_k = Gewichtungsfaktor der Eigenschaftsdimension k
c_i = Gewichtungsfaktor für Konkurrent i

[74] Es wurden nicht alle im $Segment_3$ vertetenen Modellreihen in die Analyse miteinbezogen. Im Hinblick auf den Marktanteil wurden unwichtige Modellreihen weggelassen. Die berücksichtigten Modellreihen decken jedoch mindestens ($\forall t$) 93% des Segmentes ab.

An den Produkteigenschaftsdimensionen wurden im einzelnen betrachtet[75]:

k = 1 - Ausstattung
k = 2 - Handlichkeit
k = 3 - Motor und Fahrleistung
k = 4 - Karosserie
k = 5 - Verarbeitungsqualität
k = 6 - Komfort

Diese Punktwerte werden durch den Gewichtungsfaktor d_k zueinander dimensioniert. Hier wurden alle Dimensionen mit Ausnahme von 'Motor und Fahrleistung', welche höher eingestuft wurde, gleichbewertet (Werte: 1; 1; 4; 1; 1; 1).

Durch den Gewichtungsfaktor c_i wird der Tatsache Rechnung getragen, daß nicht jede Modellreihe im Segment_3 gleich stark mit der betrachteten Modellreihe_x konkurriert. Je stärker die Konkurrenzbeziehung, desto höher der Gewichtungsfaktor (Werte: 0,8; 0,35; 0, 25; 0,17; 0,09).

Als nächster Schritt wurde versucht, die Stellung der Modellreihen im Lebenszyklus mit einzubeziehen. Dazu wurde die Einflußgröße 'Alter der Modellreihe in Halbjahren ab Neuauflage' eingeführt. Nun kam es zu folgender Modellierung:

$$REPRO_2 = \frac{\log(B - A_x) \times \sum_{k=1}^{6} (P_{xk} \times d_k)}{\sum_{i=1}^{5} \log(B - A_i) \times c_i \times \sum_{k=1}^{6} (P_{ik} \times d_k)}$$

wobei:

$REPRO_2$ = Version 2 der 'Relativen Produkteigenschaften'
A^1 = Altersvariable; Alter in Halbjahren
B = Konstante, wobei $B > \max [A_{i \text{ bzw } x}]\forall_{i,\,x}$ in t; Wert: 20
log = natürlicher Logaritmus zur Basis e
sonstige Parameter wie bei $REPRO_1$

[75] Siehe Anlage 1.

Da das Alter als negativer Einfluß auf den Marktanteil eingehen wird, geht es hier mit negativem Vorzeichen ein, so daß die erwartete Wirkungsrichtung der Variablen $REPRO_2$ auf den Marktanteil positiv bleibt. Für kleine Werte der Variablen '(B - A)' ist das Alter hoch, für große Werte klein. Da man in hohem Alter mit einem stärkerem Abfall des Marktanteils rechnen kann als in relativ jüngerem Alter, wurde der Logarithmus von '(B - A)' gewählt. Damit ist eine Verbindung von Produkteigenschaften mit dem Lebenszyklus modelliert.

Ferner sollte der Preis mit in die Analyse einbezogen werden. Hier wurden mit gewichteten Durchschnittspreisen wie folgt gearbeitet:

$$GDPR_{it} = \frac{\sum_{m=1}^{M} ZU_{imt} \times PR_{imt}}{\sum_{m=1}^{M} ZU_{imt}}$$

wobei:

$GDPR_{it}$= Gewichteter Durchschnittspreis der Modellreihe i in Periode t

m = Index des einzelnen Modells in der Modellreihe

ZU_{imt}= Zulassungen des Modells m in der Modellreihe i in Periode t

PR_{imt} = Preis des Modells m aus Modellreihe i in Periode t

Die Variable $REPRO_2$ wurde nun wie folgt erweitert:

$$REPRO_3 = REPRO_2 \times \sqrt{\log \frac{GDPR_{S3}}{GDPR_x}}$$

wobei:

$REPRO_3$ = Version 3 von REPRO

$GDPR_x$ = Gewichteter Durchschnittspreis der $Modellreihe_x$

$GDPR_{S3}$ = Gewichteter Durchschnittspreis im $Segment_3$

Dadurch sollte die Hypothese miteinbezogen werden, daß bei steigendem relativem Preis (Preis Modellreihe x zur Konkurrenz) der Marktanteil sinkt und umgekehrt. Die Variable $REPRO_3$ wurde in vermutet positiver Richtung zum Marktanteil modelliert. Mit dem Verhältnis der gewichteten Durchschnittspreise ist für die Vergangenheit ein wichtiges Analyseinstrument gegeben, für die Zukunft müßten in Szenarien direkte Schätzwerte für diesen Quotienten angegeben werden.

Da eine Modellreihe aus einzelnen Modellvarianten mit unterschiedlicher Motorisierung besteht, muß dem Ausmaß, in dem die Befriedigung für Motorisierungswünsche angeboten wird, Rechnung getragen werden. Einfach die Anzahl der Motorvarianten einer Modellreihe in Relation zum gewichteten Durchschnittswert der Konkurrenz anzuführen, kann nicht als Lösung gelten, da abhängig von der bisherigen Struktur der Motorvarianten, eine neue Motorvariante je nach Leistung, Motorenprinzip (Otto-, Diesel- oder Wankelmotor) und Marktsituation unterschiedlich auf den Marktanteil wirken wird.

Die Variable 'relatives Motorvariantenangebot'[76] stellt deshalb eine von Experten der Automobilfirma geschätzte Größe dar, die sich am Konkurrenzstandard des Segments orientiert. Entspricht das Angebot dem Segmentstandard, so wird der Wert 1 zugeordnet; liegt er höher, so größer, niedriger, so kleiner als 1. Die Bewertung erfolgt nicht nach einem festen Bewertungsschema, sondern in einer Art Delphi-Runde, welche folgende Kriterien berücksichtigt:

- welche Leistungsklassen werden besetzt
- welche Motorenarten bei den Leistungsklassen (Diesel-, Otto- oder Wankelmotor)
- wie ist die Marktsituation

Erscheint eine Motorvariante neu in einer schon besetzten Leistungsklasse, so wird weniger stark bewertet, als in einer noch unbesetzten Leistungsklasse.

[76] Vgl. Anlagen 1 und 2.

Das Kriterium Marktsituation wurde in der historischen Analyse bisher einmal berücksichtigt. Der Anlaß lag in der Energiekrise. Vom betrachteten Hersteller wurden zu dieser Zeit nur Motorvarianten höherer Leistungsklassen mit entsprechendem Kraftstoffverbrauch angeboten. Unter 'normalen Umständen' hätte die 'Nicht-Besetzung' der unteren Leistungs- und Verbrauchsklassen eine Bewertung von etwa 0,8 bedingt. Aufgrund der aktuellen Marktsituation mußte jedoch eine Herabstufung vorgenommen werden.
Diese Variable wurde multiplikativ mit der Variablen $REPRO_3$ wie folgt verbunden: $REPRO_4 = REPRO_3 \times RM$
wobei RM: Relatives Motorvariantenangebot[77]

Zusammenfassend läßt sich zur Variable $REPRO_4$ folgendes sagen:
Sie wirkt umso positiver auf den Marktanteil der $Modellreihe_x$
je größer

- die erreichte Punktzahl der Modellreihe x in den einzelnen Eigenschaftsdimensionen
- das relative Angebot an Motorvarianten
- das Alter der Konkurrenzmodellreihen

und je kleiner

- der relative Preis
- das Alter der betrachteten $Modellreihe_x$
- die erreichte Punktzahl der Konkurrenzmodellreihen in den einzelnen Dimensionen sind.

Weiterhin wurde vermutet, daß das Styling nicht ohne Wirkung auf den Marktanteil bleiben kann. Es wurde dazu folgende Hypothese aufgestellt: ein großer Stylingsprung[78] bewirkt anfangs aufgrund des ungewohnten Aussehens weniger Akzeptanz, später jedoch aufgrund des dann aktuelleren Designs ist der Abfall des Marktanteils weniger stark, als bei einem schwachen Stylingsprung. Umgekehrt bewirkt ein schwacher Stylingsprung anfangs starke Akzeptanz, da eine Neuerung gegeben ist,

[77] Vgl. Anlagen 1 und 2.

[78] Stylingsprung ist hier als 'Stylingunterschied zwischen aktueller Modellreihe und deren Vorgängermodellreihe' definiert.

welche wenig gewöhungsbedürftig ist, später jedoch setzt ein verstärkter Alterungsprozess ein.

Bei der mathematischen Formulierung wurde versucht, obige Hypothese durch Transformation der Altersvariablen wie folgt zu erreichen, wobei vier Fälle zu unterscheiden sind.

(1) Stylingsprung größer als 'Normalwert'
(2) Stylingsprung kleiner als 'Normalwert'; der 'Normalwert' wird mit dem Wert 0 festgelegt; ein negativer Wert bedeutet einen kleinen, ein positiver Wert einen großen Stylingsprung.
(3) Situation vor dem 'Wendepunkt'
(4) Situation nach dem 'Wendepunkt'

Als Wendepunkt wird diejenige Periode bezeichnet, in welcher die Entwicklung 'umschlägt', das heißt, in der ein schwacher 'Stylingsprung' seine positive Wirkung verliert und fortan negativ wirkt, bzw. bei einem starken Stylingsprung umgekehrt.

Es wurden folgende binäre Auswahlvariable eingeführt:

$$y = \begin{cases} 1, \text{ falls } SSP > 0 \\ -1 \text{ sonst} \end{cases}$$

$$z = \begin{cases} 1, \text{ falls } Alter_x > PAR_3 \\ 0 \text{ sonst} \end{cases}$$

wobei SSP = Wert der Variable Stylingsprung
PAR_3 = 'Wendepunkt'; Wert: 6

Die Funktion lautet nun wie folgt:

$$SF = z * [Alter_x + (-y) * Alter_x^{|ssp|} * v]$$
$$+ (1 - z) * [Alter_x + (+y) * w * (u - Alter_x^{|ssp|})]$$

wobei:
SF = Stylingfunktion
u, v, w = Modellparameter; Werte: 6; 0,029; 0,031

Nun wird die Altersvariable in $REPRO_4$ durch obige SF-Funktion ersetzt. Bei den Konkurrenzmodellreihen wurde jedoch auf eine Stylingwirkung verzichtet, um das Modell nicht zu kompliziert werden zu lassen. Es bestand auch der Verdacht, daß sich dort dieser Effekt über die Summe der Konkurrenzmodelle aufheben könnte.

Die Varibale REPRO hat nun in ihrer endgültigen Form folgende Gestalt:

$$REPRO = \frac{\log(B - SF) \times \sum_{k=1}^{6} (P_{xk} \times d_k)}{\sum_{i=1}^{5} \log(B - A_i) \times c_i \times \sum_{k=1}^{6} P_{ik} \times d_k} \times \sqrt{\log \left[\frac{GDP_{s3}}{GDP_x} \right]} \times RM$$

Symbole wie oben.

Ferner wurde vermutet, daß die hier betrachtete $Modellreihe_x$ nicht so stark von den Variablen, welche den Anteil von $Segment_3$ am Gesamtmarkt bedingen, abhängig sein wird, als der Durchschnitt des Segments. Der Grund liegt darin, daß die Zielgruppen der $Modellreihe_x$ im Durchschnitt finanzkräftiger sind, als der Durchschnitt der Käuferschicht des Segments. Daraus folgt eine geringere Abhängigkeit der Zulassungen von wirtschaftlichen Faktoren und damit auch eine Korrelation zwischen dem Marktanteil der $Modellreihe_x$ und dem Potentialanteil von $Segment_3$,

welche sich empirisch ergeben hat. Es wird folgende Variable definiert[79]:
SE = Segmenteinfluß = Potentialanteil von $Segment_3$
Der Marktanteil der $Modellreihe_x$ im $Segment_3$ wird also tendenziell sinken, wenn die Basis ($Segment_3$) steigt.

Weiterhin wurde vermutet, daß die Variable REPRO insbesondere den am Anfang und am Ende des Lebenszyklusses auftretenden Effekten nicht gerecht werden kann.

Konkret handelt es sich hier jeweils um das Start- und Endjahr einer Modellreihe. Hier treten Kaufzurückhaltung in Erwartung der neuen Modellreihe auf. Ferner findet der Anlauf bzw. Auslauf einer Modellreihe nicht immer am Anfang bzw. Ende einer Periode statt, so daß in einer Periode sowohl Zulassungen der alten wie auch der neuen Modellreihe erfolgen. Ferner kommt es im Startjahr oft zu produktionsbedingten Lieferschwierigkeiten. Diese Einflüsse werden in einer Variablen zu quantifizieren versucht, welche hier AN/AUS genannt wird. Die Werte dieser Variablen wurden von Experten subjektiv geschätzt, und sollen das durch obige Effekte ausgelöste absolute mehr bzw. weniger an Marktanteil ausdrücken. Es wird wie folgt definiert[80]:
AN/AUS = Anlauf/Auslaufphase.

Ferner war aufgrund der in Kap. 5 angesprochenen Mängel der hier vorgenommenen Segmentierung zu erwarten, daß nicht nur Konkurrenzbeziehungen im Segment bestehen, sondern auch darüber hinaus. Insbesondere sind hier die mehr marken- als segmentfixierten Käufer angesprochen, welche sich auch für Nachbarmodellreihen desselben Herstellers entscheiden, falls diese attraktiv erscheinen. Dies ist insbesondere dann der Fall, wenn diese neu erschienen sind. Dieser Einfluß auf den Marktanteil wird nun ebenfalls von Experten absolut geschätzt. Die Variable wird wie folgt benannt[81]:

[79] Siehe Anlagen 1 und 2.
[80] Siehe Anlagen 1 und 2.
[81] Siehe Anlagen 1 und 2.

EIGKO = Eigene Konkurrenz

Aus den oben angesprochenen Variablen wird nun wie folgt ein Erklärungsmodell für den Marktanteil der Modellreihe_x im Segment_3 erstellt:

$$MA_{x3t} = a_0 + a_1 * REPRO_t * a_2 + SE_t + a_3 * AN/AUS_t + a_4 * EIGKO_t + R$$

wobei:
MA_{x3t} = Marktanteil der Modellreihe_x in Segment_3 in t
t = Zeitindex
R = Restschwankung
a = Regressionskonstante, Wert: 0,0543
a_1 - a_4 = Regressionskoeffizienten; Werte: 0,028; -0,0855; 0,789; 1,4772

Getestet wurde über den Zeitraum von 1973/1 - 1986/1 (1. Halbjahr) jeweils in Halbjahreswerten.

R^2:

> Das Modell weist ein Bestimmtheitsmaß von 95,02 auf. Der F-Test auf das R^2 ergab einen Wert von 104,86, was einem Sicherheitsniveau von wenigstens 0,99 entspricht. Der multiple Korrelationskoeffizient beträgt 0,97.

Bild (15) zeigt die Ist-Werte der Variablen MA_{x3t}, sowie die Modellschätzungen aufgrund der Ist-Werte der Einflußgrößen.

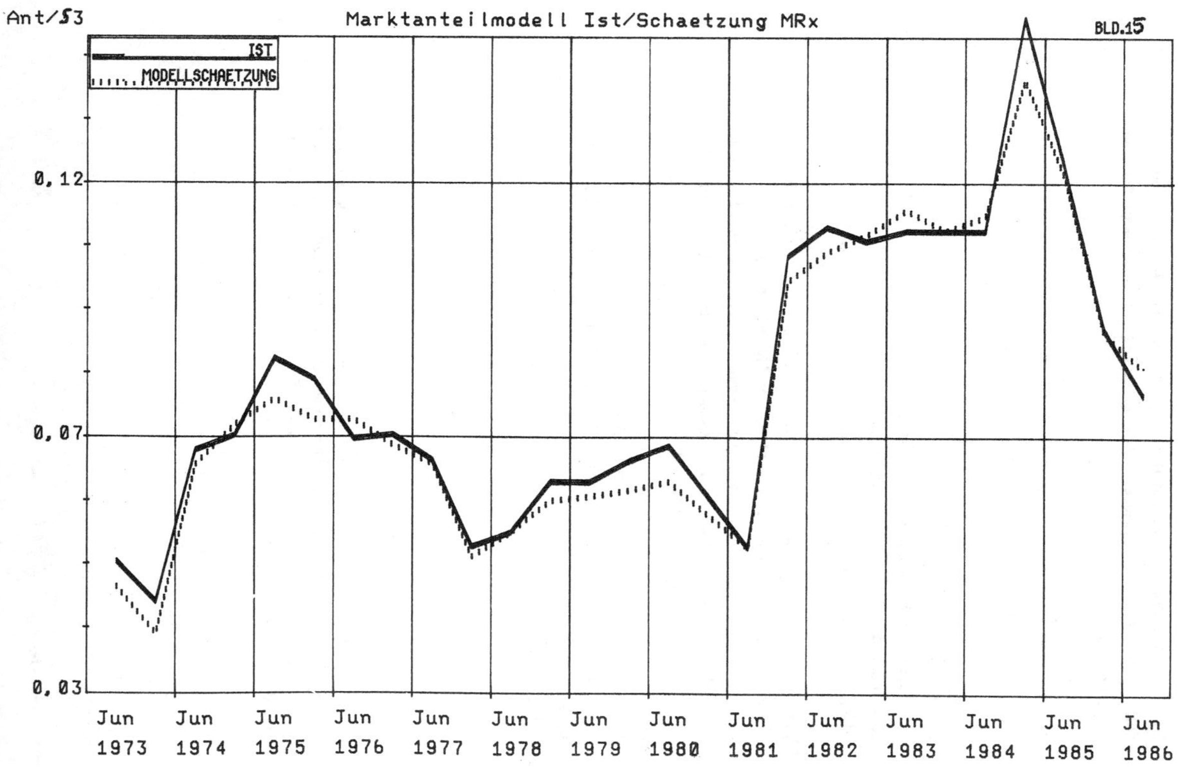
Ant/S3
Marktanteilmodell Ist/Schaetzung MRx
BLD.15
IST
MODELLSCHAETZUNG
0,12
0,07
0,03
Jun 1973
Jun 1974
Jun 1975
Jun 1976
Jun 1977
Jun 1978
Jun 1979
Jun 1980
Jun 1981
Jun 1982
Jun 1983
Jun 1984
Jun 1985
Jun 1986

7. 1. 2 Modell für Modellreihe y in Segment 4L (Limousinen der Oberklasse)

Für den Marktanteil der Modellreihe y in Segment 4L wurde ein Modell ähnlicher Struktur, jedoch mit geringfügigen Modifikationen wie folgt erstellt:

$$MA_{y4Lt} = b_0 + b_1 * REPRO_{yt} + b_2 * AN/AUS_{yt} + b_3 * AN/AUS_{Kt} + b_4 * ALTDIF + b_5 * KV$$

wobei:

t = Zeitindex

y = Index der betrachteten Modellreihe

K = Index der Konkurrenzmodellreihe[82]

MA_{y4Lt} = Marktanteil der Modellreihe y im Segment 4L

(1) $REPRO_y$ = Relative Produkteigenschaften der Modellreihe y

(2) AN/AUS_y = Anlauf/Auslaufphase bei Modellreihe y

(3) AN/AUS_K = Anlauf/Auslaufphase bei der Konkurrenzmodellreihe K

(4) ALTDIF = Altersdifferenz zwischen Modellreihe y und K

(5) KV = Karosserie-Varianten

b_0 = Regressionskonstante; Wert: -0,1354

b_1 - b_5 = Regressionskoeffizienten; Werte: 597,1; 0,3684; 0,3088; 0,003; 0,2514

[82] In diesem Segment befinden sich nur wenige Modellreihen. Da nur eine Konkurrenzmodellreihe einen starken Marktanteil besitzt (die Modellreihen y und k decken gemeinsam eine Anteil von 96% des Segmentes ab), wird nur diese im Modell als Konkurrenz betrachtet.

Zu (1)

$REPRO_y$ steht in positivem Zusammenhang mit den abhängigen Variablen. Definition:

$$REPRO_y = \frac{\log(D-Alter_y)\sum_{k=1}^{6} P_{yk} \times g_k}{\log(D-Alter_K)\left[\sum_{k=1}^{6} P_{Kk} \times g_k\right]^2} \cdot \sqrt{\frac{GDP_K}{GDP_y}}$$

wobei[83]:

$ALTER_y$ = Alter der $Modellreihe_y$ in Perioden (Halbjahre)

$ALTER_K$ = Alter der $Modellreihe_K$ in Perioden (Halbjahre)

D = Konstante, wobei D >max Alter (y; K); Wert: 30

P_{yk} = Erreichte durchschnittliche Punktzahl von Modellreihe y in Dimension k

P_{Kk} = Erreichte Punktzahl der Konkurrenz-Modellreihe K in Dimension k

GDP_y = Gewichteter Durchschnittspreis Modellreihe y

GDP_K = Gewichteter Durchschnittspreis Modellreihe K

g_k = Gewichtungsfaktor der Eigenschaftsdimension k

Werte[84]: g_1,- , g_6 = 0; 4; 1; 2; 3; 7;

Alle Variablen sind analog zum oberen Modell definiert. Ein Unterschied ergibt sich nur in den Gewichtungsfaktoren. Während im mittleren Segment alle Eigenschaftsdimensionen mit Ausnahme von 'Motor und Fahrleistungen' gleichbewertet werden, ergibt sich in der Oberklasse eine klare Hierarchie, wobei an oberster Stelle der Komfort steht. Ferner

83 Siehe Anlagen 1 und 2.

84 Der Gewichtungsfaktor g_1 erhält hier den Wert 0, da bei den Bewertungen durch die Automobilzeitschrift die Eigenschaftsdimensionen Komfort und Ausstattung zusammengezogen wurden.

wurde die Summe der Punktwerte der Konkurrenzmodellreihe quadriert. Dies soll dem Effekt Rechnung tragen, daß diese Modellreihe eine derart starke und etablierte Stellung besitzt, daß Veränderungen in deren Produkteigenschaften stärkere positive Wirkungen zeigen.

Zu (2)

Diese Variable ist analog zum vorigen Modell definiert jedoch mit einem Unterschied. Während des Modellzyklus der Modellreihe y wurde ein facelift vorgenommen, der hinisichtlich dieser Variable wie eine neue Modellreihe, jedoch nicht so stark wirkt. Es kommt in der Vorperiode ebenfalls zu Kaufzurückhaltungen[85].

Zu (3)

Im Gegensatz zum Vormodell werden die unter Punkt (2) erfaßten Einflüsse nun auch bei der Konkurrenzmodellreihe erfaßt. Der Grund dafür liegt darin, daß solche Effekte im Segment_3 aufgrund der Vielzahl der Konkurrenzmodellreihen nicht ins Gewicht fallen. Hier jedoch, wo eine Modellreihe 95% der Konkurrenz ausmacht, sind sie zu berücksichtigen. Eine Bewertung erfolgt analog zu Punkt (2)[86].

Zu (4)

Diese Variable ist wie folgt definiert:

ALTER Modellreihe_y - ALTER Modellreihe_K. Sie ist, wie zu erwarten, negativ mit dem zu erklärenden Marktanteil korreliert. Im Modell wird sie jedoch mit positiver Beziehung verwendet. Dies ist so zu erklären, daß es sich hier um einen Ausgleich der Überbewertung der vorigen Variablen handelt.

Zu (5)

Die Variable Karosserievarianten war deshalb notwendig, weil die betrachtete Modellreihe kurzfristig in zwei Karosserievarianten mit unterschiedlicher Länge angeboten wurde. Es erfolgte eine subjektive Exper-

[85] Werte siehe Anlage 2.

[86] Siehe Anlage 1.

[87] Siehe Anlagen 1 und 2.

tenschätzung für die Änderung des Marktanteils[87].

Getestet wurde über den Zeitraum von 1972/1 - 1985/2 (2. Halbjahr) jeweils in Halbjahreswerten).

R^2:

Das Modell weist ein Bestimmtheitsmaß von 96,53 auf. Der F-Test auf das R^2 ergab einen Wert von 159,88, was einem Sicherheitsniveau von mindestens 0,99 entspricht. Der multiple Korrelationskoeffizient beträgt 0,98.

Bild (17) zeigt den Verlauf der Ist-Werte, wie auch der Schätzergebnisse durch das Modell. Auffällig ist die Abweichung im 2. Halbjahr 1978 und im 1. Halbjahr 1979. Sie ist auf Schwierigkeiten mit der Elektronik zurückzuführen, welche eine erhöhte Pannenhäufigkeit bedingten, die später behoben wurden. Daß das Modell auf diesen Umstand nicht reagiert, ist dadurch zu erklären, daß dieser Bereich in der Punktbewertung durch die Automobilzeitschrift nicht vertreten ist. Es bereitet jedoch keine Probleme, dies zusätzlich im Modell zu berücksichtigen. Gut zu erkennen ist die Einbuße an Marktanteil, die durch diese 'Panne' hingenommen werden mußte.

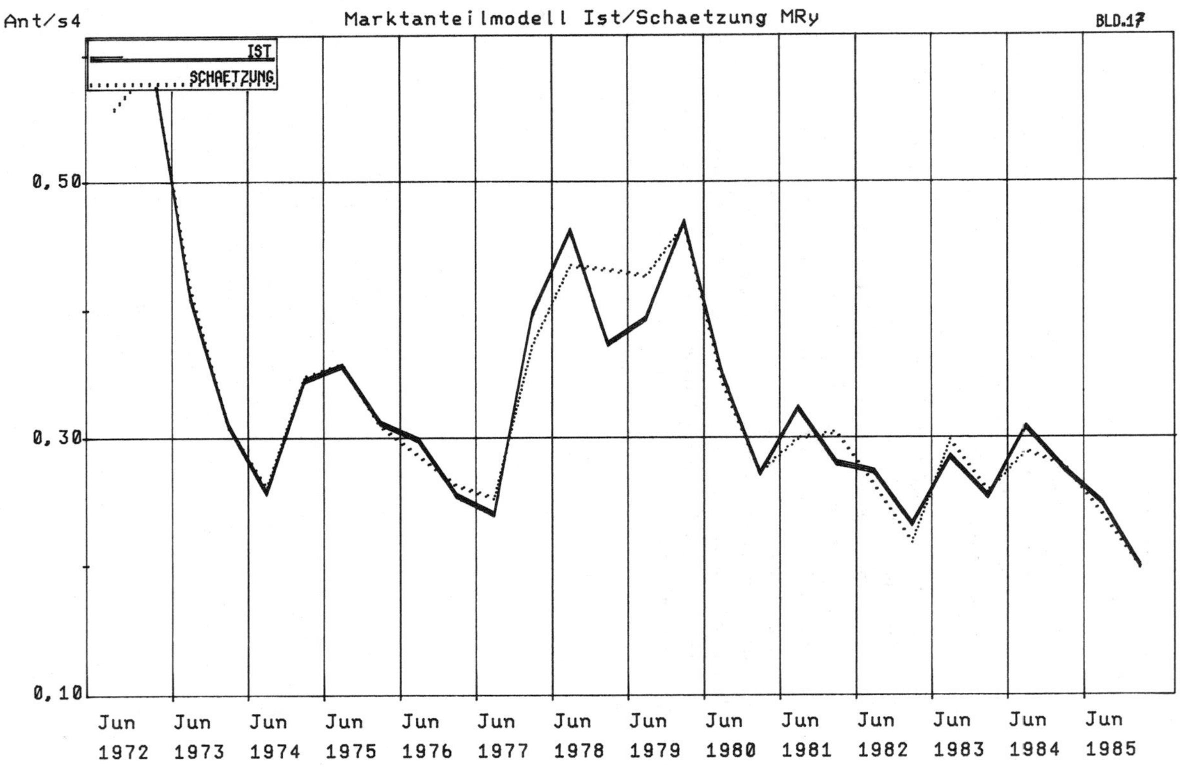
Ant/s4
Marktanteilmodell Ist/Schaetzung MRy
BLD.17
IST
SCHAETZUNG
0,50
0,30
0,10
Jun 1972
Jun 1973
Jun 1974
Jun 1975
Jun 1976
Jun 1977
Jun 1978
Jun 1979
Jun 1980
Jun 1981
Jun 1982
Jun 1983
Jun 1984
Jun 1985

7. 2 Prognose der Einflußgrößen

Es wurden folgende Einflußgrößen in den Modellen verwandt:

(1) Alter der Modellreihen
(2) Punktzahlen in den Eigenschaftsdimensionen 'k'
(3) Anlauf/Auslauf
(4) Eigene Konkurrenz
(5) Karosserievarianten
(6) Potentialanteil von $Segment_3$
(7) Preise
(8) Relatives Motorvariantenangebot

Zu (1)
Das Alter der eigenen, wie auch der Konkurrenzmodellreihen, wie auch die Erscheinungszeitpunkte der Nachfolgereihen sind in der Automobilbranche auf einen relativ langen Zeitraum bekannt (etwa 9 Jahre).

Zu (2)
Auch die Punktzahlen können relativ gut abgeschätzt werden. Eine Szenariobetrachtung ist ebenfalls gut möglich.

Zu (3)
Die An- und Auslaufphasen sind bei bekannten Erscheinungszeitpunkten ebenfalls leicht abzuleiten.

Zu (4)
Wann die eigenen Modellreihen erscheinen ist ebenfalls bestens bekannt.

Zu (5)
Auch diese Größe tritt nur in Verbindung mit der eigenen Modellreihe auf; deshalb ebenfalls bestens bekannt.

Zu (6) - (8)
Diese Größen müßten zum Gegenstand einer Szenariobetrachtung gemacht werden. Beim Potentialanteil von $Segment_3$ können die unter Kap. 3.5 gewonnenen Ergebnisse verwendet werden. Die Werte für das

'relative Motorvariantenangebot' sind zwar kurzfristig noch gut abschätzbar, müssen aber für einen Prognosezeitraum noch über zwei Jahre als Szenariowerte festgelegt werden. Die gewichteten Durchschnittspreise unterlagen zwar in der Vergangenheit einem klaren Trend (deshalb wäre Trendextrapolation eine praktikable Möglichkeit der Prognose), können aber, um der Unsicherheit Rechnung zu tragen, ebenfalls als Szenariowerte behandelt werden.

Für langfristige Prognosen müßten die Variablen von Punkt (1) - (3) ebenfalls einer Szenariobetrachtung unterworfen werden.

Um zu testen, ob diese Vorgehensweise empirisch vertretbar ist, werden nun retrospektive Tests auf Basis der Wissensstände der Analyseanfangsperioden vorgenommen. Es werden jeweils Szenarien für 2 unterschiedliche Zeitpunkte erstellt. Die Werte der 'unsicheren' Erklärungsvariablen stellen dann Interpolationen zwischen den Anfangswerten der Testperiode und den beiden Szenarien dar.

Bild (18) zeigt einen retrospektiven Test für das Marktanteilmodell der Modellreihe$_x$ in Segment$_3$. Es wurden folgende Annahmen zugrundegelegt:

Szenario nach 2,5 Jahren:

Einflußgrößen	optimistisch	mittel	pessimistisch
Relativer Preis (Modellreihe x/Konkurrenz)	1,03	1,13	1,25
Relatives Motorvariantenangebot	1,2	1,0	0,9
Segmenteinfluß	0,19	0,21	0,24

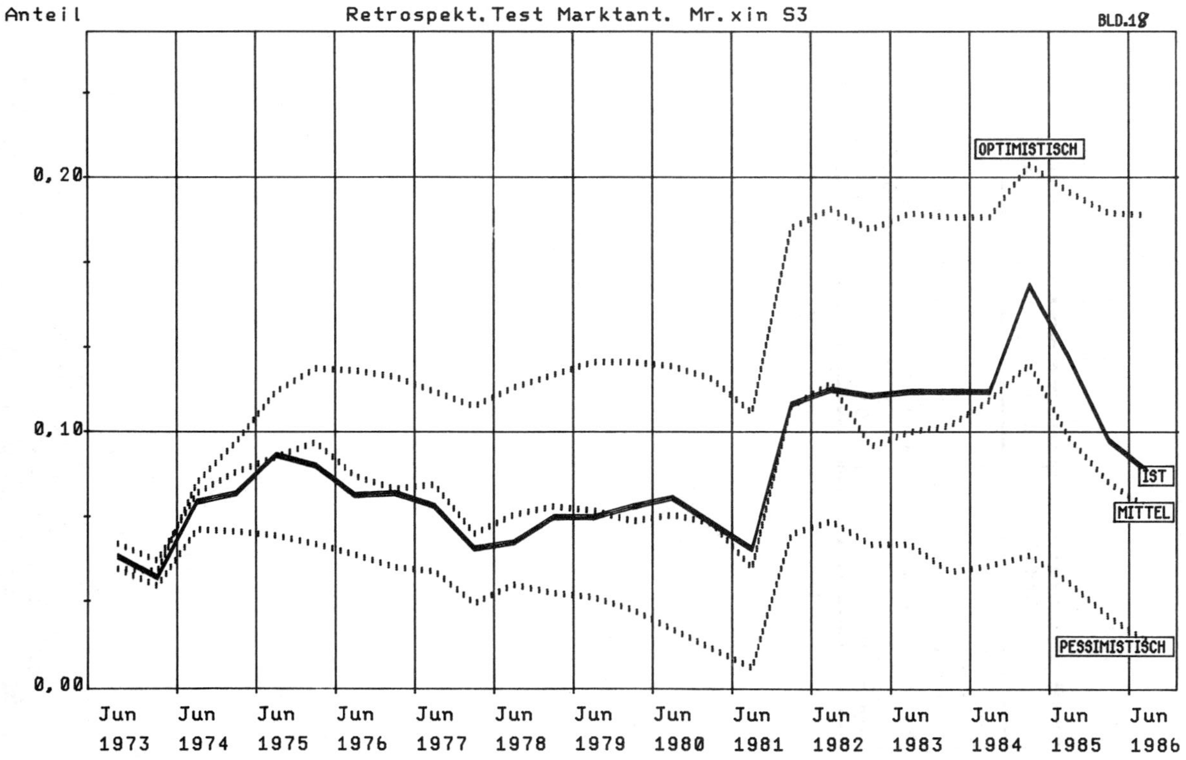
Anteil
Retrospekt.Test Marktant. Mr.xin S3
BLD.10
0,20
0,10
0,00
OPTIMISTISCH
IST
MITTEL
PESSIMISTISCH
Jun 1973
Jun 1974
Jun 1975
Jun 1976
Jun 1977
Jun 1978
Jun 1979
Jun 1980
Jun 1981
Jun 1982
Jun 1983
Jun 1984
Jun 1985
Jun 1986

Szenario nach 13 Jahren:

Einflußgrößen	optimistisch	mittel	pessimistisch
Relativer Preis (Modellreihe x/Konkurrenz)	1,01	1,13	1,3
Relatives Motorvariantenangebot	1,3	1,0	0,8
Punktwerte Konkurrenz	40% weniger als erwartet	wie erwartet	40% mehr als erwartet
Segmenteinfluß	0,14	0,2	0,3

Bild (19) zeigt einen retrospektiven Test für den Marktanteil der Modellreihe y.

Szenario nach 2,5 Jahren:

Einflußgrößen	optimistisch	mittel	pessimistisch
Relativer Preis (Modellreihe y/Konkurrenz)	0,8	0,9	0,95
Punktzahlen in den einzelnen Eigenschaftsdimensionen bei der Konkurrenz	75% der erwarteten Steigerung in den einzelnen Disziplinen	erwartete Steigerung	125 % der erwarteten Steigerung

Szenario nach 13 Jahren:

Einflußgrößen	optimistisch	mittel	pessimistisch
Relativer Preis (Modellreihe y/Konkurrenz)	0,7	0,9	1,0
Punktzahlen in den einzelnen Eigenschaftsdimensionen bei der Konkurrenz	60% der erwarteten Steigerung in den einzelnen Disziplinen	erwartete Steigerung	140 % der erwarteten Steigerung

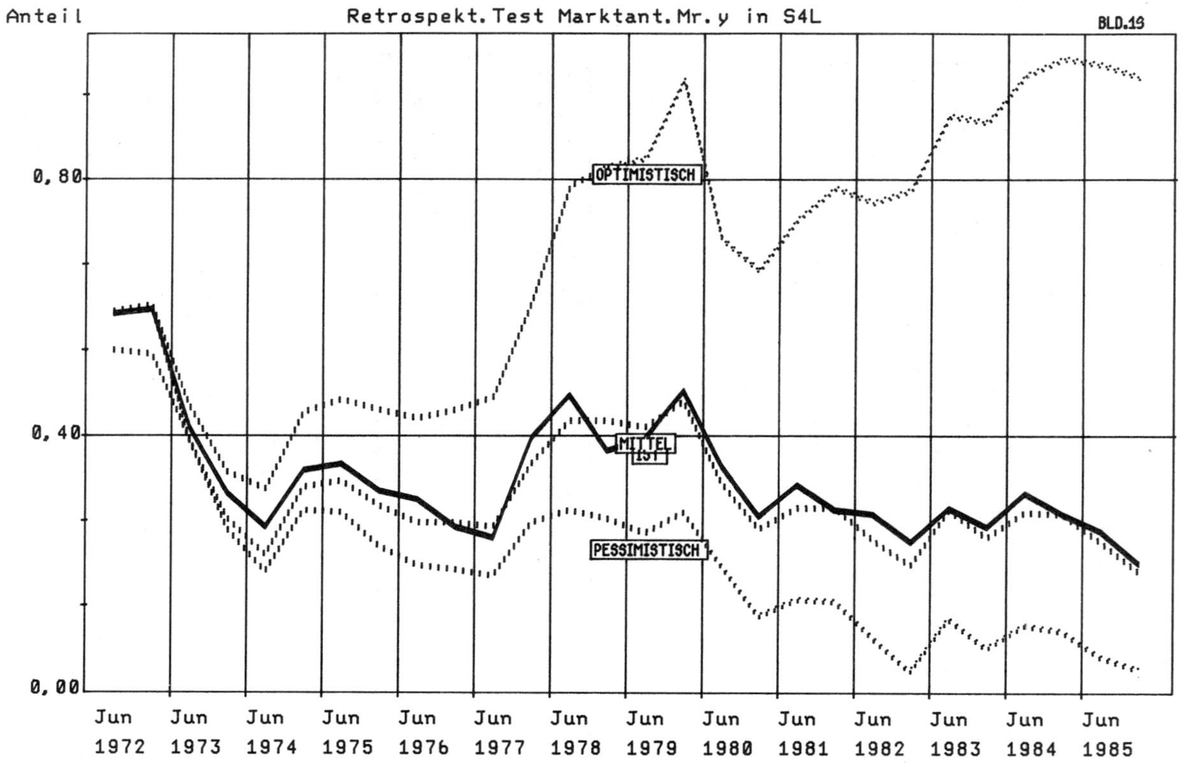

Anteil
Retrospekt. Test Marktant. Mr. y in S4L
BLD.19
0,80
0,40
0,00
OPTIMISTISCH
MITTEL
IST
PESSIMISTISCH
Jun 1972
Jun 1973
Jun 1974
Jun 1975
Jun 1976
Jun 1977
Jun 1978
Jun 1979
Jun 1980
Jun 1981
Jun 1982
Jun 1983
Jun 1984
Jun 1985

7. 3 Prognose der Marktanteile

Die Prognose der Marktanteile erfolgt, wie bereits im Kap. 7. 2 ausgeführt, aufgrund eines Szenarios für die 'unsicheren Variablen'. Wie auch schon die vorherigen Modelle, so sind auch die Marktanteilmodelle nicht auf einen betimmten Zeitraum hin konzipiert. Für verschiedene Zeithorizonte müssen jedoch unterschiedliche Bedingungen für die Annahmesätze berücksichtigt werden. Für Zeithorizonte über etwa fünf Jahre müßten unbedingt unterschiedliche Annahmen über die Punktzahlen der Wettbewerber in den einzelnen Eigenschaftsdimensionen getroffen werden. Ferner könnte man für die Zukunftsanalyse Eigenschaftsdimensionen, welche in der Vergangenheit nicht wichtig oder noch nicht existent waren, für die Zukunft jedoch als wichtig erachtet werden, in die Analyse mit einbeziehen.

Bild (20) zeigt exemplarisch die Prognose des Marktanteils des Modellreihe$_x$ im Segment$_3$. Es liegt folgender Annahmesatz zugrunde:

Szenario nach 5 Jahren:

Einflußgrößen	optimistisch	mittel	pessimistisch
Relativer Preis (Modellreihe x/Konkurrenz)	1,03	1,13	1,25
Relatives Motorvariantenangebot	1,25	1,1	0,9
Segmenteinfluß	pessimistischer Wert aus dem Prognosemodell für Segment3	mittlerer Wert	optimistischer Wert
Punktwerte Konkurrenz	20% mehr als erwartet	erwartet	20% weniger als erwartet

Von den Ergebnissen der Marktanteilsprognose wie auch der Potentialanteilprognose darf jedoch nicht unreflekiert auf die Prognose der absoluten Zulassungen geschlossen werden, da etwa im optimistischen Szenario für den Marktanteil ein pessimistischer Wert für den Potentialanteil von Segment$_3$ enthalten ist. Man kann folglich bei einem optimistischen Wert für den Marktanteil nicht automatisch von einem optimistischen Wert für die Absolutzahl der Zulassungen sprechen. Im folgenden wird

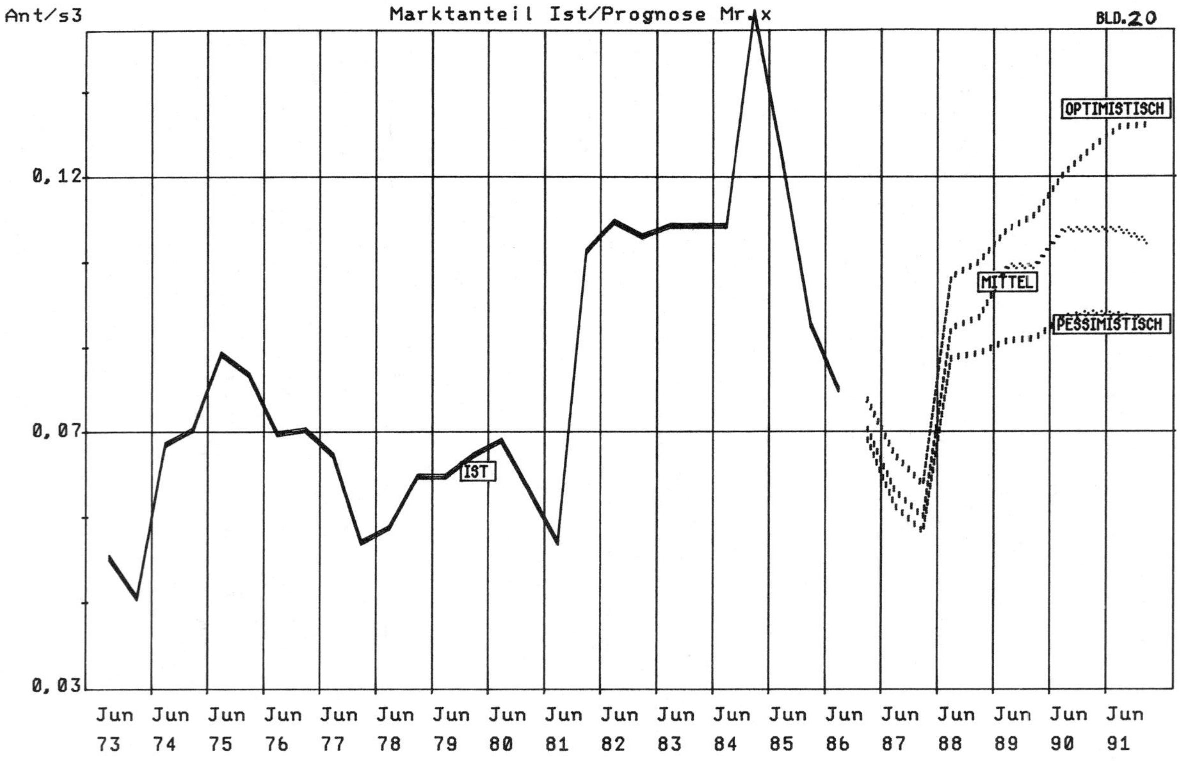
Ant/s3
Marktanteil Ist/Prognose Mr.x
BLD.20
0,12
0,07
0,03
IST
OPTIMISTISCH
MITTEL
PESSIMISTISCH
Jun 73
Jun 74
Jun 75
Jun 76
Jun 77
Jun 78
Jun 79
Jun 80
Jun 81
Jun 82
Jun 83
Jun 84
Jun 85
Jun 86
Jun 87
Jun 88
Jun 89
Jun 90
Jun 91

ein Szenario für Zulassungswerte der Modellreihe$_x$ unter alternativen Einflußgrößenkonstellationen für den Gesamtmarkt und das Segment$_3$ betrachtet.

Szenario nach 5 Jahren:

Einflußgrößen	optimistisch	mittel	pessimistisch
EINK/Autokosten	Wert'85 +10%	Wert'85	Wert'85 -10%
Zinssatz	3%	6,5%	11%
Sparquote	11%	13%	15%

Beim Marktanteilmodell wurden die mittleren Werte für die Einflußgrößen verwandt.

Bild (21) zeigt Ergebnisse für die Zulassungen der Modellreihe$_x$ unter obiger Konstellation.

Es sei nochmals betont, daß es sich bei den obigen Annahmesätzen nur um Beispiele handelt. Die Modelle sind so konzipiert, daß ganz verschiedene Annahmebündel durchgerechnet werden können.

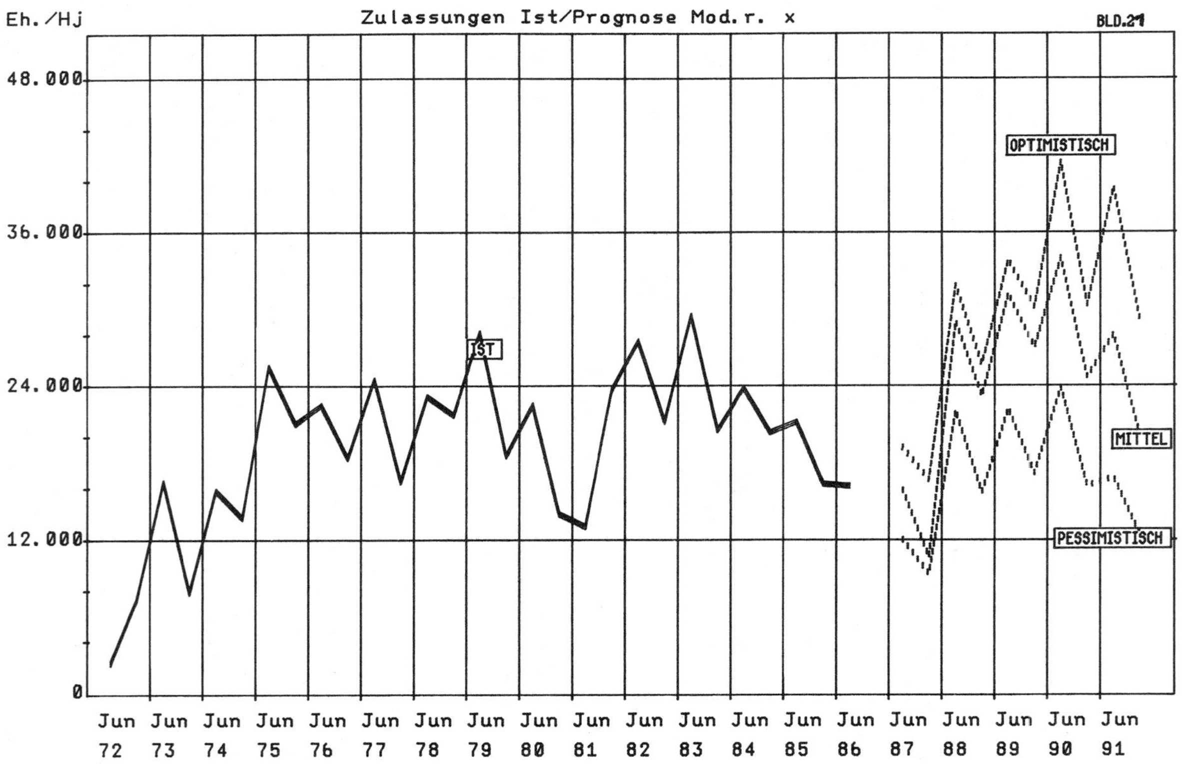
Eh./Hj
Zulassungen Ist/Prognose Mod.r. x
BLD.21
48.000
36.000
24.000
12.000
0
OPTIMISTISCH
MITTEL
PESSIMISTISCH
IST
Jun 72
Jun 73
Jun 74
Jun 75
Jun 76
Jun 77
Jun 78
Jun 79
Jun 80
Jun 81
Jun 82
Jun 83
Jun 84
Jun 85
Jun 86
Jun 87
Jun 88
Jun 89
Jun 90
Jun 91

8. Zulassungsschätzungen für einzelne Modelle der Modellreihe_x

Nachdem nun eine Prognose der Zulassungen bestimmter Modellreihen mittels der oben dargestellten Modelle erreicht ist, stellt sich die Frage, ob nicht auch die einzelnen Modelle der Modellreihe mittels eines Modells in ihren relativen bzw. absoluten Zulassungen abgeschätzt werden können. Da die betreffende Modellreihe (Modellreihe_x in Segment_3) jedoch mittlerweile über 7 Modelle (verschiedene Motorvarianten) verfügt, wurde der Modellierungsaufwand für 7 Längsschnittsanalysen als zu hoch erachtet. Wenn nun die Abschätzung der Zulassungen der Modellreihe_x durch die obigen Prognosemodelle ohnehin schon gegeben ist, müssen nur noch die Anteile der einzelnen Modelle an der Modellreihe erklärt werden. Dies wurde im Rahmen einer Querschnittsanalyse für das 1. Halbjahr 1986 versucht. Anhängige Variable waren die Zulassungswerte der 7 Modelle. Zur Erklärung werden deren Eigenschaften, wie Leistung in PS, Höchstgeschwindigkeit in km/h, durchschnittlicher Verbrauch pro 100 km, Preis in DM herangezogen. Es konnte jedoch kein signifikanter Einfluß einer dieser Größen festgestellt werden. Daraus wurde geschlossen, daß die einzelnen Modelle ein für eine derartige Analyse zu inhomogenes Produktsegment darstellen.

Daraufhin wurden die 7 Modelle in 3 Segmente aufgeteilt. Segment_{x1} bestand aus einer Dieselvariante. Die restlichen 6 Modelle mit Otto-Motoren wurden in 2 Preissegmente mit jeweils drei Motorvarianten aufgespalten. Segment_{x2} umfaßt den Bereich von 25.000 DM bis 37.500 DM, Segment_{x3} den von 37.500 bis 60.000 DM. Nun wurden diese Segmente mit direkt vergleichbaren Konkurrenzmodellen aufgefüllt. Erklärungsmodelle sollten als abhängige Variable die Zulassungen der einzelnen Modelle im 1. Halbjahr 1986 in der Bundesrepublik Deutschland, als unabhängige Variable wiederum deren Produkteigenschaften enthalten, welche nun, da Konkurrenzmodelle mit in die Analyse eingehen, durch Variable erweitert werden mußten, welche den nun entstandenen Unterschiedlichkeiten Rechnung tragen.

Es wurde ein Modell entwickelt, dessen Kern ein Quotient darstellt, welcher in seinem Zähler Variable enthält, welche bei höherer Ausprägung positiv, im Nenner Variable, welche bei höherer Ausprägung negativ auf die Zulassungszahl als abhängige Variable wirken. Es wurde wie folgt modelliert:

$$Q_i = \frac{\log(B - Alter_i) \times Leistung_i \times Höchstgeschwindigkeit_i}{Preis_i \times Verbrauch_i \times Angebotene\ Modelle_i} \times$$

$$\times Kat_i \times Herstellerland_i \times Herstellerimage_i$$

wobei[88]:

Q = Quotient

i = Index des Modells

B = Konstante; Wert = 8,4

Alter = Alter in Jahren ab Start der zugehörigen Modellreihe

Leistung = Leistung in KW

Höchstgeschwindigkeit = V max in km/h; laut Autozeitung

Kat = Katalysatorangebot, falls das Modell auch in Kat-Version angeboten wird, wird der Wert 2 zugeordnet, sonst 1.

Herstellerland = Variable, welche den Einfluß des Herstellerlandes wiedergibt. Dadurch soll der Beobachtung Rechnung getragen werden, daß Modelle aufgrund ihres Herkunftslandes unterschiedlich etabliert sind. Diese Variable wurde subjektiv von Experten geschätzt; Werte zwischen [1 , 5].

Herstellerimage = Hier wurde das Image der jeweiligen Marken mittels Expertenschätzung zu bewerten versucht. Werte zwischen [1 : 10]

Preis = Preis in DM; Stichtag 1. Juni

Verbrauch = durchschn. Verbrauch pro 100 km laut Autozeitung

Angebotene Modelle = Anzahl der Modelle derselben Modellreihe, welche im jeweiligen Segment angeboten werden.

88 Werte der Einflußgrößen s. Anlage 2.

Weiterhin mußte noch der Effekt erfaßt werden, daß bestimmte Käufer nicht zwischen verschiedenen Konkurrenzmodellen entscheiden, sondern *a priori* auf eine Marke fixiert sind. Deshalb mußten speziell die Unterschiede von Modellen derselben Modellreihe betrachtet werden. Es wurde wie folgt formuliert:

$$RMA_i = \frac{\dfrac{Leistung_i}{Preis_i}}{\dfrac{Leistung_{NMi}}{Preis_{NMi}}} \times \text{relatives markeninternes } Image_i$$

wobei:

i = Index des Modells

RMA = relative markeninterne Attraktivität

Leistung = Leistung in KW

Preis = Preis in DM

relatives markeninternes Image = subjektive Experteneinschätzung des markeninternen Images von Modell i, wobei u.a. die Anzahl der Zylinder, die Laufruhe des Motors, Turboauflader usw. berücksichtigt wurden, dividiert durch den Durchschnittswert der Nachbarmodelle.

NM = hierarchisch unteres, bzw. hierarchisch oberes Nachbarmodell von i, falls unteres bzw. oberes Modell existieren, der Durchschnitt von beiden. Mit Nachbarmodell wird das, bzw. die aufgrund der Leistung zu i am nächsten liegenden Modelle der selben Modellreihe bezeichnet.

Aus obigen Komponenten wurde ein Modell wie folgt für das mit Konkurrenzmodellen aufgefüllte $Segment_{x2}$ aufgebaut und anhand der Zulassungswerte des 1. Halbjahres 1986 mittels Regression getestet[89]:

[89] Testdaten zur Querschnittsanalyse siehe Anlagen 1 und 2.

$$\text{Zulassungen } i = a + b * ((RMA_i)^{1/2} * Q_i]^{1/2} + c * Q_i + R$$

a = Regressionskonstante; Wert: -2647,64
b, c = Regressionskoeffizienten; Werte: 905,68; 4593,9
R = Restschwankung
sonstige Symbole wie oben.

Der Erklärungswert (R^2) beträgt 95 %. Die Regressionskoeffizienten sind auf dem 99 % Niveau signifikant.

Mit kleinen Modifikationen (beispielsweise mußte für Segment_{x3} die 'Beschleunigung von 0 - 100 km/h in Sekunden' als zusätzliche Einflußgröße in obigen Quotienten integriert werden) konnte das Modell auch auf die beiden anderen Segmente angewandt werden.

Bild (22) zeigt graphische Ist- und Schätzwerte durch das Modell.

Soll mit diesem Modell allein, ohne die Längsschnittmodelle hinzuzuziehen, prognostiziert werden, so wird es sich anbieten, eine komparativ statistische Analyse durchzuführen. Zu diesem Zweck wird - um der unterschiedlichen Konkurrenzsituation Rechnung zu tragen - eine Betrachtung der PKW-Eigenschaften relativ zum gewichteten Durchschnitt der Konkurrenz zu empfehlen sein. Darüber hinaus könnte man sich die Erkenntnis aus den Längsschnittmodellen bezüglich der Segmententwicklung zunutze machen, welche besagt, daß der Potentialanteil u.a. vom bewerteten Angebot in der produktzyklischen Situation (Alter) abhängt.

Insofern könnte man in die komparativ statischische Analyse sowohl absolute Produkteigenschaften als auch solche relativ zur Konkurrenz einfließen lassen. Die Parametereinstellung müßte dann aus der komparativ statistischen Analyse abgeleitet werden. Es gilt jedoch zu bedenken, daß die Prognoseergebnisse des Schätzmodells anderen Einflußgrössen, die nicht aus dem automobilmarktspezifischen Bereich stammen (z.B. wirtschaftliche Einflußgrößen), nicht Rechnung tragen. Hier könnte jedoch eine Abschätzung subjektiv oder mit Hilfe der Ergebnisse der Längsschnittanalysen erfolgen.

Zulassungen 1. Halbjahr 1986
Ist / Modellschätzung (Querschnittsanalyse)

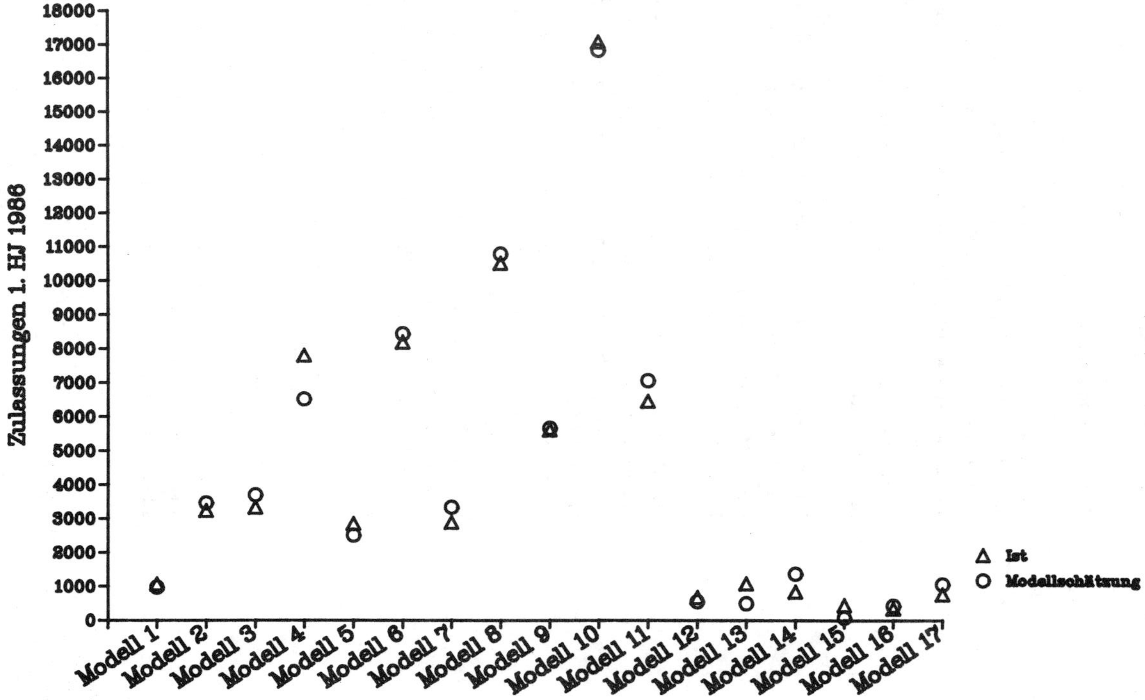

9. EINSATZMÖGLICHKEITEN IN DER UNTERNEHMENSPLANUNG

9. 1 Längsschnittmodelle

Die Prognosemodelle wurden in erster Linie mit dem Ziel konzipiert, brauchbare Prognosen über den eigenen Absatzmarkt zu erhalten. Sie können sowohl in der Kurz-, Mittel- und Langfristplanung eingesetzt werden, da sie auf jeden Zeithorizont anwendbar sind. Im Verein mit subjektiven Schätzungen (vgl. Kap. 2. 1) können sie Grundlagen der Kapazitäts-, Produktions-, Finanz-, Absatz-, Liefer- und Vertriebsplanung im Sinne einer sequenziellen Planung sein. Aber gerade auch simultane Planung wäre möglich. Je nach zeitlicher Anforderung (unterschiedliche Vorlaufzeiten bei Planungsproblemen) können die Modelle passend ausgerichtet werden. Durch die Dreiteilung der Modelle (Gesamtmarkt- Segmente- Modellreihen) entsteht der Vorteil, daß aus jeder dieser Stufen Informationen gewonnen werden können.

Das Gesamtmarktmodell, wie auch die Potentialanteilmodelle für die Segmente, enthalten als Einflußgrößen überwiegend Variable, welche die Unternehmung selbst nicht beeinflussen kann. Einzige Ausnahme bilden hier die Variablen 'Autokosten' und 'Segmentattraktivität'. Bei der ersten Variablen kann ein Unternehmen durch höhere bzw. niedrigere Preise für Neuwagen, Ersatzteile oder Reparaturen je nach Marktstellung eingreifen, wobei natürlich durch die eigene Kosten- und Erlösstruktur wie auch durch Marktanteilsveränderungen Grenzen gesetzt sind. Mit neuen Modelloffensiven bzw. mit dem Rückzug eigener Modelle aus den einzelnen Segmenten kann die Variable Segmentattraktivität mitbestimmt werden. Je nach Marktstellung kann das Gesamtvolumen bzw. das Volumen der Segmente beeinflußt werden, wobei in einem Käufermarkt wie dem hier betrachteten starke Verteuerungen eines einzelnen Herstellers wohl kaum Effekte für den gesamten Markt zeigen würden, da genügend Substitutionsmöglichkeit vorhanden ist.

Bei der nächsten Stufe, den Marktanteilmodellen, gehen Variable ein, welche von der Unternehmung nicht als festes Datum, sondern als Entscheidungsvariable betrachtet werden können. Hier sind vor allem die folgenden Variablen angesprochen:

- Preis
- Punktzahl in den eigenen Produkteigenschaftsdimensionen
- relatives Motorvariantenangebot
- Alter
- Styling

Auswirkungen alternativer Ausprägungen der obigen Varibalen auf den Marktanteil sind nun simulierbar.

Geht man von festen Szenarien dieser Größen bezüglich der Konkurrenz aus, so bestimmen diese Variablen bei der eigenen Modellreihe im wesentlichen deren Marktanteil. Diesen Umstand könnte man sich in der Preis- und Produktplanung zunutze machen.

Da Gewinn = Umsatz - Kosten,

wobei Umsatz = $\sum_{i}$ Preis_i x Zulassungen_i

i = i Index der eigenen Modellreihen und

Zulassungen_i = f_i (Preis_i; Punktzahl_i in den Produkteigenschaftsdimensionen$_k$; Alter_i; relatives $\text{Motorvariantenangebot}_i$), ist der Gewinn eine Funktion der obigen Entscheidungsvariablen.

Mit Preis_i wird der gewichtete Durchschnittspreis der Modellreihe_i angesprochen. Es können hier keine Ausagen über Einzelpreise, sondern nur über das Preisniveau der Modellreihe gemacht werden (vgl. Kap. 9.2).

Nun müßten noch die Auswirkungen alternativer Ausprägungen der Entscheidungsvariablen auf die Kostenkomponente der obigen Gleichung festgestellt werden, um maximieren zu können.

Bei der Festsetzung des Preises ergeben sich keine Auswirkungen. Um alternative 'Punktzahlen' in den k Produkteigenschaftsdimensionen zu erreichen, wird der Kostenfaktor jedoch stark angesprochen. Der variable Kostenteil dürfte durch die Verwendung verschiedener Materialien bei der Fahrzeugherstellung, wie auch durch den Einbau alternativer Ausstattung im qualitativen wie im quantitativen Bereich beeinflußt werden. Fixkosten werden sich wohl durch alternative Aufwendungen für Forschung und Entwicklung (hier vor allem Personalkosten) verschieden gestalten. Der Kostenverlauf dürfte hier wohl exponentiellen Charakter haben, da geringe Änderungen mit verhältnismäßig wenig, große jedoch nur mit überproportionalem Aufwand erreichbar sein werden.

Für die Variable 'relatives Motorvariantenangebot' gelten im wesentlichen die zur vorherigen Variablen gemachten Überlegungen.

Die Variable 'Alter' spricht Bereiche des Fixkostenblocks an. Je kürzer der Lebenszyklus einer Modellreihe angesetzt wird, desto öfter muß die Fertigung auf die Produktion einer neuen Modellreihe umgestellt werden, wodurch erhebliche Kosten entstehen. Ferner müssen Weiterentwicklungen und deren Test bis zur Serienreife in einem kürzerem Zeitraum erfolgen, was zusätzliche Kosten auslöst.

Wenn diese Kostenkomponenten bewertet sind, kann *ceteris paribus* folgende Gleichung aufgestellt werden:

$$\text{Gewinn} = \sum_{i=1}^{I} P_{it}\, Z_{it} - VK_{it}\, Z_{it} - FK_{it} - K_t$$

wobei:
- t = Index der Periode
- i = Index der Modellreihe
- P = Preis
- Z = Zulassung = f_1 (Preis, Alter, Punktzahlen, relatives Motorvariantenangebot)

VK = Variable Kosten = f_2 (Punktzahlen in den k Produkteigenschaftsdimensionen, relatives Motorvariantenangebot)

FK = Fixe Kosten = f_3 (Alter, Punktzahlen, relatives Motorvariantenangebot)

K_t = Restliche, nicht durch obige Variable beeinflußte Kosten.

Zu beobachten sind ferner Ober- und Untergrenzen für die Kapazität der Produktion. $\text{Obergrenze}_{it} \geq Z_{it} \geq \text{Untergrenze}_{it}$. Obergrenzen werden durch die maximale Kapazität beeinflußt, Untergrenzen wohl durch nicht abbaubare Kostenbereiche.

Falls die Produktion von einer Modellreihe auf die andere umschaltbar ist, könnte auch die Produktionsaufteilung durch dieses Entscheidungsmodell gelöst werden. Dann gilt[90]:

$$\text{Gesamtkapazität}_t \geq \sum_{i=1}^{I} Z_{it}$$

Zu maximieren wäre: $$\sum_{t=1}^{T} \text{Gewinn}_t$$

E - Variable: Preis, Alter, Punktzahlen, relatives Motorvariantenangebot.

Auch Lagerhaltung wäre problemlos zu erfassen. Damit wäre ein erster Schritt zum Gesamtmodell der Unternehmung getan[91].

Einschränkungen sind jedoch insofern gegeben, als obige Modelle nur auf dem Inlandsmarkt validiert sind, also streng genommen nur hier Gültigkeit haben. Obige Gewinnfunktion wäre also nach Ländern aufzugliedern, wobei für jedes Land separate Modelle erstellt werden müßten. Tendenziell ist jedoch nicht anzunehmen, daß auf den Auslandsmärkten unterschiedliche Relationen zwischen Marktanteil und obigen Einfluß-

90 Hier sind keine Lagerhaltung und Vertrieb in der Produktionsperiode unterstellt.

91 Vgl. Hanssmann, 1982, 295f.

größen bestehen. Ein für den französischen Markt getestetes Marktanteilsmodell der Modellreihe$_x$ nach obigem Muster hat identische Relationen nur mit geringfügigen Veränderungen der Regressionskoeffizienten ergeben.

9. 2 Querschnittsmodell

Hierdurch wird der Mangel beseitigt, daß nur Aussagen auf Modellreihenebene getätigt werden können. Insbesondere sind Zulassungsauswirkungen von Veränderungen der Preisabstände der einzelnen Modelle untereinander simulierbar. Beispielsweise ist nun die Frage beantwortbar, wie sich der Absatz des hierarchisch am niedrigsten angesiedelten Modells verändert, wenn der Preis des übergeordneten Nachbarmodells alternativ gestaltet wird. Aber auch Aussagen über Veränderungen aller weiteren in das Modell eingehenden Größen sind möglich. Außerdem können Ergebnisse dieser Modellrechnung als Korrektiv zu den Längsschnittanalysen verwendet werden.

10. KRITISCHE WÜRDIGUNG

Im Kapitel 2. 1 werden exogene Erklärungsmodelle als am besten tauglich für Prognosezwecke erkannt. Alle Modelle, mit Ausnahme des Modells für den Potentialanteil von Segment$_4$, sind exogene Erklärungsmodelle. Dadurch können ganz unterschiedliche Annahmen eingegeben und deren Wirkung auf die abhängige Variable getestet werden. Somit kann der Unsicherheit durch ein Szenario der Einflußgrößen Rechnung getragen werden.

Die strukturelle Unsicherheit wäre dadurch erfaßbar, daß statt bestimmter, in der Regressionsgleichung enthaltener Variablen andere, mit ihnen kollineare, verwendet werden, welche man in Zukunft als für bestimmend erachtet. Sind sie jedoch nicht kollinear, so müßte entweder subjektiv geschätzt, oder ein neues Modell erstellt werden.

Die statistische Signifikanz ist in allen Modellen gegeben. Bis auf die Gesamtmarktzulassungen korreliert keine der abhängigen Variablen stark mit der Zeit, so daß Scheinkorrelationen aus diesem Grund nicht zu erwarten sind. Beim Gesamtmarktmodell ist der Erklärungswert jedoch so hoch, daß eine Scheinkorrelation unwahrscheinlich erscheint.

Die den Modellen zugrundeliegenden Hypothesen klingen logisch und nachvollziehbar. Kritik ist jedoch daran anzubringen, daß einige der Einflußgrößen, welche als theoretisch maßgeblich erkannt wurden, in den Modellen nicht erscheinen bzw. nicht getestet wurden. Hier ist vor allem beim Gesamtmarktmodell und bei den Potentialanteilsmodellen die 'gesellschaftliche Werteordnung' zu nennen. Dies liegt vor allem daran, daß in der historischen Analyse keine Schwankungen bei diesen Variablen aufgetreten sind. Selbst die Katalysatordiskussion, welche in der Variable 'Sondereinflüsse' erfaßt ist, kann nicht eigentlich darunter gerechnet werden, da Kaufzurückhaltung in erster Linie wohl wegen der Unsicherheit bezüglich der gesetzlichen Normen, jedoch nicht aus einer negativen Einstellung dem Automobil gegenüber erfolgt sind. Negative Einflüsse durch die gesellschaftliche Wertordnung werden wohl auch in Zukunft nicht zu erwarten sein, falls die Automobilindustrie mögliche Kritikpunkte durch entsprechende Produkteigenschaften (Umweltfreundlichkeit, Sicherheit usw.) vorwegnimmt. Konkurrenz durch andere Verkehrsträger (Eisenbahn, Flugverkehr, andere öffentliche oder private Verkehrsträger) werden wohl in einem überschaubaren Zeitraum nicht zu erwarten sein, könnten jedoch im Verein mit den möglichen Einflüssen durch die gesellschaftliche Werteordnung beim Gesamtmarktmodell durch die Variable 'Sondereinflüsse' erfaßt werden.

Auch bei den Potentialanteilmodellen für die Segmente ist ein Einfluß der Variablen 'gesellschaftliche Wertordnung' für die Zukunft denkbar, etwa dergestalt, daß Prestige beim Autokauf keine Rolle mehr spielt, ein PKW einer höheren Klasse aus diesem Grunde also allgemein nicht mehr erstrebenswert erscheint. Selbst in einer solchen Situation spräche das größere Platzangebot und die höhere Sicherheit noch für einen PKW einer höheren Klasse.

Eine solche Variable ist in den Potentialanteilmodellen für die Segmente nicht berücksichtigt und müßte subjektiv geschätzt werden.

Bei den Marktanteilmodellen wurden unter anderem folgende Variable nicht berücksichtigt:

a) Produkt- und Firmenimage
b) Handelsorganisation
c) Service
d) Werbung

Hier lagen in der Vergangenheit keine Werte vor und wären auch nur sehr schwierig retrospektiv zu messen.

Zu a)

Auf die Interdependenz Produkt- und Firmenimage wurde bereits hingewiesen. Dem Image wird in den Modellen insofern Rechnung getragen, als daß von einem Niveau des Marktanteils ausgegangen wird, welches der Image-Basis in Verbindung mit den im Modell verwandten Variablen entspricht. Eine Imageänderung wird aber in einem so transparenten Markt nur durch eine Änderung der Produkteigenschaften erfolgen, insofern sind diese Einflüsse im Modell erfaßt. Möglich wären jedoch alternative Wirkungsverzögerungen, welche im Modell ohne weiteres abbildbar wären.

Zu b)
Diese Variable ist im Inlandsmarkt in der Vergangenheit keinen Schwankungen unterlegen. Für die Zukunft ist auch keine wesentliche Änderung zu erkennen.

Zu c)
Auch hier sind für die Vergangenheit keine brauchbaren Werte erhältlich. Für die Zukunft wäre eine Behandlung ähnlich der 'Punktzahlen in den Produkteigenschaftsdimensionen' in einem Szenario möglich.

Zu d)
Hier waren in der Vergangenheit keine Werte für die Konkurrenz zu erhalten. Für die Zukunft wäre eine Behandlung analog zu Punkt c) möglich.

Als weiteren Kritikpunkt könnte man die Verwendung von subjektiven Schätzungen anführen. Wenn bestimmte Einflußgrößen erst subjektiv geschätzt werden müssen um Ergebnisse vom Modell zu erlangen, warum kann dann die abhängige Variable nicht direkt geschätzt werden?

Subjektiv ermittelt wurden folgende Variable:

a) Sondereinflüsse beim erweiterten Gesamtmarktmodell (vgl. Kap. 5. 2)
b) Punktzahlen für die Wichtigkeit der Neuerscheinungen bei den Segmentanteilmodellen (vgl. Kap. 5. 2)
c) die Variable 'relatives Motorvariantenangebot'
d) die Variable Anlauf/Auslaufphase bei den Marktanteilmodellen
e) das relative markeninterne Image (Querschnittanalyse)

Die Schätzung dieser Variablen stellt ein wesentlich weniger komplexes Problem dar, als die direkte Schätzung der abhängigen Variablen. Insofern kann man ein solches Vorgehen als durchaus vertretbar bezeichnen.

Zu a)
Die Schätzung dieser Größen für die Vergangenheitsanalyse ist zumindest teilweise datengesteuert, insofern wissenschaftstheoretisch[92] nicht unbedenklich. Diese Variable nimmt jedoch einen relativ unbedenklichen Platz im Modell ein (Erklärungswert ohne diese Variable über 97 %). Für die Zukunft stellen die Vergangenheitswerte eine gute Schätzbasis und Orientierungshilfe dar.

Zu b)
Hier könnte man Abhilfe schaffen, indem man statt den Punktzahlen Zulassungswerte der Vergangenheit wählt. Dies hat zwar den Vorteil einer geringeren Willkür bei der Einstufung schon dagewesener Modellreihen, erschwert jedoch die exakte Beurteilung völlig neuer Modellreihen und könnte eine Genauigkeit vorspiegeln, die in Wirklichkeit nicht gegeben ist.

Zu c) und d)
Den Werten dieser Variablen liegen konkrete Ereignisse in der Realität zugrunde (neue Motorvariante, bzw. Anlauf/Auslauf). Ein festes Zuordnungsschema läßt sich kaum erstellen. Es ist jedoch eine Orientierung an den Vergangenheitswerten möglich, insofern entsteht kein schwieriges Schätzproblem.

Zu e)
Auch diese Größe ist mit Produktkenntnis leicht zu schätzen.

Weitere Anforderungen an ein Marktmodell hat Little[93] formuliert. Marktmodelle sollen simpel, robust, leicht zu steuern, anpassungsfähig, vollständig und einfach in der Kommunikation sein.

Die vorgestellten Modelle stellen alle einfache Regressionsgleichungen dar, daher kann man wohl von Simplizität sprechen. Robust sind die Modelle insofern, als unsinnige Ergebnisse nur bei Eingabe von absurden

92 Vgl. FRIEDRICHS, 1983; vgl. WILDE 1981, S. 120.

93 Vgl. LITTLE, 1970.

Werten für die unabhängigen Variablen zu erhalten sind. Eine leichte Steuerung ist dadurch gewährleistet, daß eigentlich nur die unabhängigen Variablen eingegeben werden müssen. Eine gewisse Erfahrung mit Prognosemodellen sollte jedoch vorhanden sein bzw. kann anhand des Modells gewonnen werden.

Neue Bestimmungsfaktoren können verarbeitet werden, indem man diese Information in das Regressionsmodell einbringt und durch neue Testrechnung richtig dimensioniert. Dies ist natürlich nur dann möglich, wenn diese 'neue' Information für einen Test schon historisch vorhanden ist. Ansonsten muß subjektiv geschätzt werden. Zum Problem der Vollständigkeit siehe obige Ausführungen. Im übrigen wird ein Ideal der Vollständigkeit wohl nie ganz erreicht werden, da es immer Einflußfaktoren geben wird, die zumindest marginal wirken und nicht erfaßt sind.

Die wichtigsten Größen sind meiner Meinung nach jedoch vertreten bzw. korrelieren mit den Vertretenen. Eine einfache Kommunikation ist ebenfalls gewährleistet, da nur Werte der unabhängigen Variablen eingegeben werden müssen. Die 'Scheu' vor dem Computer muß jedoch überwunden werden.

LITERATURVERZEICHNIS

Auto, Motor und Sport, Hefte von 1970-1986.

BASSIE, V. L., Economic Forecasting, New York, Toronto, London 1958.

BLECKE, U., Plausible Pfade in die Zukunft in: Manager Magazin, Heft 12, Dezember 1978, S. 120-125.

BROCKHOFF, K., Gute Prognosen weisen den Weg in: Blick durch die Wirtschaft, Beilage der Frankfurter Allgemeinen Zeitung, Nr. 26, 7. Februar 1983, S. 3.

BRUSE, H., Marktanteilsschätzungen für Unternehmungen verschiedener Branchen, ZfB 6/79, S. 474-484.

Deutsche Bundesbank, Monatsberichte der Deutschen Bundesbank.

DOYLE, P. / SAUNDERS, J., Market Segmentation and Positioning in Specialized Industrial Markets, Journal of Marketing, Heft 1, Vol. 49, 1985, S. 24-32.

ENGELHARDT, W. H. / GÜNTHER, B. (1981), Investitionsgüter - Marketing, Stuttgart, Berlin, Köln, Mainz 1981.

EUROSTAT, Bevölkerungsstatistik.

FRIEDRICHS, J., Methoden empirischer Sozialforschung, Opladen 1983.

GAENSSLEN, H., SCHUBÖ, W., Einfache und klomplexe statistische Analyse, UTB Reinhardt, München, Basel 1973 und 1976.

GEOFFRION, A. M., The Purpose of Mathematical Programming is Inside not numbers in: Interfaces Vol. 7, Nr. 1, November 1976, S. 81-92.

GESCHKA, H., HAMMER, R., Die Szenario-Technik in der strategischen Unternehmerplanung in; HAHN, D., TAYLOR, B. (Hrsg.), Strategische Unternehmensplanung, Physica, Würzburg 1984, S. 224-249.

HANSSMANN, F., Die Rolle von Entscheidungsmodellen in der Strategischen Planung in: MÜLLER-MERBACH, H. (Hrsg.), Quantitative Ansätze in der Betriebswirtschaftslehre, Bericht von der wissenschaftlichen Tagung des Verbandes der Hochschullehre e.V. vom 1. - 3. Juni 1977 in Darmstadt, Vahlen, München 1978 (a) S. 31-44.

HANSSMANN, F., Einführung in die Systemforschung, Oldenbourg, München 1978 (b).

HANSSMANN, F., Quantitative Betriebswirtschaftslehre, Oldenbourg, München 1982.

KOTLER, P., Marketing Decision Making in: A Model Building Approach, New York 1971.

LITTLE, J.D.C., Models and Managers: The Concept of a Decision Calculus, Management Science, Vol. 16, No. 8, April 1970, S. B 466 - B 485.

MAYNTZ, HOLM, HÜBNER, Einführung in die Methoden der empirischen Soziologie, Opladen 1978.

MEINING, W., Effiziente Bedarfssegmentierung von Plaster- und Verbundsteinmärkten, Marktforschung, Heft 1, 1985, S. 24-28.

PARSONS, L. J. und *SCHULTZ, R. L.*, Marketings Models and Economic Research, New York - Amsterdam 1976.

PROGNOS AG, Die Bundesrepublik Deutschland 1985, 1990, 1995, prognos report Nr. 9, Basel 1979.

REIBNITZ, U. v., So können auch Sie die Szenario-Technik nutzen in: Marketing-Journal, 14. Jahrgang, Heft 1, Januar/Februar 1981, S. 37-41.

SCHUCHARD - FISCHER, BACKHAUS, HUMME, LEHRBERG, PLINKE, SCHREINER, Multivariable Analysemethoden, Springer Verlag, Berlin, Heidelberg, New York, Tokyo 1985.

SCHÜLEN, H., Langfristige Automobilmarktprognosen, Schulz-Kirchner Verlag, Idstein 1985.

SMITH, Wendell, Product Differentiation and Market Segmentation as Alternative Strategies, Journal of Marketing, July 1956, S. 3-8.

STATISTISCHES BUNDESAMT, Statitstisches Jahrbuch, Kohlhammer, Stuttgart (jährliche Publikation) 1954 bis 1986.

STEFFENHAGEN, H., Wirkungen absatzpolitischer Instrumente, Theorie und Messung der Marktreaktion, Poeschl, Stuttgart 1978.

TRUX, W., KIRSCH, W., Strategisches Management oder die Möglichkeit einer 'wissenschaftlichen Unternehmensführung' in: Die Betriebswirtschaft, 39. Jahrgang, Heft 2, Juni 1979, S. 215-233.

WIEGERT, R., Langfristige Prognoseverfahren in: Probleme lang- und mittelfristiger Prognosen, speziell im Automobilsektor, Schriftenreihe des Verbandes der Automobilindustrie, Nr. 20, Frankfurt 1976, S. 149-166.

WILDE, K.D., Langfristige Marktpotentialprognosen in der strategischen Planung, Mannhold, Düsseldorf 1981.

WINTER, F.W., A Cost - Benefit Approach to Market Segmentation, Journal of Marketing, 1979, S. 103-111.

WINTER, F.W., Market Segmentation: A Practical Approach, Business Horizons. Vol. 27, 1/1984, S. 57-63.

ZINSER, W., (1978), Der Absatz von Investitionsgütern. Ein Beitrag zur Bestimmung von Marktsegmenten mit Hilfe von Einstellungsdaten, Berlin 1978.

Anlage 1: Quellenverzeichnis der Einflußgrößen

Altersklassen in der Gesamtbevölkerung (prozentual)	:	Errechnet aus Bevölkerungsdaten der Statistischen Jahrbücher
Arbeitslosenquote	:	Statistische Jahrbücher
Auto-Kosten	:	Kraftfahrer-Preisindex, errechnet vom Statistischen Bundesamt in Zusammenarbeit mit dem ADAC, Stat. Jahrbuch Abt. Preise; bis zum Jahr 1966 anhand der Benzin- und Neuwagenpreisentwicklung geschätzt.
Berufsklassen	:	Prozentualer Anteil der jeweiligen Gruppen, errechnet aus Statistischen Jahrbüchern
Bruttosozialprodukt	:	Statistische Jahrbücher
Erwerbstätigkeit	:	Prozentualer Anteil der jeweiligen Gruppen (Erwerbstätig/Nichterwerbstätig), Stat. Jahrbücher
Fahrfähige Bevölkerung	:	Anzahl der 18-70 jährigen in der BRD, errechnet aus Stat. Jahrbüchern
Haushaltstypus (nach Haushaltseinkommen, Anzahl der Haushaltsmitglieder)	:	Prozentualer Anteil der jeweiligen Typen an allen Haushalten, errechnet aus Stat. Jahrbüchern

Kraftfahrzeugpreise	:	Schwacke-Neupreisliste (Retailpreis)
Nettolohn- und -gehaltssumme	:	Deutsche Bundesbank
Offene Stellen	:	Statistische Jahrbücher
Prokopf-Einkommen	:	Statistische Jahrbücher
Punktzahlen der Kraftfahrzeuge in den Eigenschaftsdimensionen	:	Auto, Motor und Sport, siehe Vergleichstests
Sparquote	:	Statistische Jahrbücher
Technische Daten und Kraftfahrzeugpreise	:	Datenbank des Automobilherstellers, (vgl. auch Automobilrevue)
Kraftstoffkosten	:	Statistische Jahrbücher, Abt. Preise
Verfügbares Einkommen	:	Statistische Jahrbücher
Zahl der Beschäftigten	:	Statistische Jahrbücher
Zinssatz	:	Geldmarktsatz unter Banken: Drei-Monatsgeld, Deutsche Bundesbank
Zulassungsdaten	:	Datenbank des Automobilherstellers, vgl. auch Kraftfahrtbundesamt

Anlage 2: Auflistung der verwendeten Daten[1].

[1] Die Datensätze sind nach den einzelnen Prognosemodellen gegliedert in einer der Arbeit analogen Reihenfolge. Datensätze von Einflußgrößen, welche bereits bei einem vorhergehenden Modell aufgelistet wurden, werden nicht doppelt aufgeführt. Bei den Zeitreihen sind bis zum Jahr 1985 Ist-Werte, später Punktprognosen aufgeführt.

STUDIE : MODELL ZUR ANALYSE UND PROGNOSE DER NEUZULASSUNGEN PKW/VDA IN DER BRD
HALBJAHRESWERTE STAND: 1986

#IND376

ZEITREIHE : PKW NEUZULASSUNGEN BRD IN TSD EINHEITEN

MM.JJJJ	ZEITREIHEN-WERTE	ABWEICHUNG ZUR VORPERIODE (ABS.)	ABWEICHUNG ZUR VORPERIODE (IN %)
6.1955	203.100		
12.1955	216.200	13.100	6.450
6.1956	268.300	52.100	24.098
12.1956	232.300	-36.000	-13.418
6.1957	292.700	60.400	26.001
12.1957	265.900	-26.800	-9.156
6.1958	354.900	89.000	33.471
12.1958	328.800	-26.100	-7.354
6.1959	414.700	85.900	26.125
12.1959	423.500	8.800	2.122
6.1960	528.000	104.500	24.675
12.1960	442.300	-85.700	-16.231
6.1961	578.000	135.700	30.681
12.1961	516.100	-61.900	-10.709
6.1962	667.300	151.200	29.297
12.1962	550.100	-117.200	-17.563
6.1963	697.900	147.800	26.868
12.1963	573.100	-124.800	-17.882
6.1964	740.000	166.900	29.122
12.1964	603.000	-137.000	-18.514
6.1965	819.300	216.300	35.871
12.1965	698.300	-121.000	-14.769
6.1966	873.500	175.200	25.089
12.1966	632.600	-240.900	-27.579
6.1967	734.000	101.400	16.029
12.1967	622.600	-111.400	-15.177
6.1968	760.000	137.400	22.069
12.1968	665.100	-94.900	-12.487
6.1969	977.100	312.000	46.910
12.1969	847.900	-129.200	-13.223
6.1970	1139.300	291.400	34.367
12.1970	967.800	-171.500	-15.053
6.1971	1232.300	264.500	27.330
12.1971	919.300	-313.000	-25.400
6.1972	1224.400	305.100	33.188
12.1972	918.600	-305.800	-24.975
6.1973	1262.000	343.400	37.383
12.1973	769.000	-493.000	-39.065
6.1974	938.800	169.800	22.081
12.1974	754.200	-184.600	-19.663
6.1975	1129.700	375.500	49.788
12.1975	976.400	-153.300	-13.570
6.1976	1320.000	343.600	35.191
12.1976	992.100	-327.900	-24.841
6.1977	1451.200	459.100	46.276
12.1977	1110.100	-341.100	-23.505
6.1978	1502.900	392.800	35.384
12.1978	1160.800	-342.100	-22.763
6.1979	1594.100	433.300	37.328
12.1979	1027.200	-566.900	-35.562
6.1980	1401.000	373.800	36.390
12.1980	1025.200	-375.800	-26.824
6.1981	1330.100	304.900	29.741
12.1981	1000.300	-329.800	-24.795
6.1982	1249.700	249.400	24.932
12.1982	905.800	-343.900	-27.519
6.1983	1408.100	502.300	55.454
12.1983	1017.600	-390.500	-27.732
6.1984	1364.044	346.444	34.045
12.1984	1029.895	-334.149	-24.497
6.1985	1230.300	200.405	19.459
12.1985	1098.634	-131.666	-10.702
6.1986	1477.002	378.368	34.440

STUDIE : MODELL ZUR ANALYSE UND PROGNOSE DER NEUZULASSUNGEN PKW/VDA IN DER BRD
HALBJAHRESWERTE STAND: 1986

LXSM01

Fahrfähige Bevölkerung in 1000 Personen

MM.JJJJ	ZEITREIHEN-WERTE	ABWEICHUNG ZUR VORPERIODE (ABS.)	ABWEICHUNG ZUR VORPERIODE (IN %)
12.1955	34014.000		
6.1956	34145.000	131.000	0.385
12.1956	34481.000	336.000	0.984
6.1957	34631.000	150.000	0.435
12.1957	35003.000	372.000	1.074
6.1958	35114.000	111.000	0.317
12.1958	35313.000	199.000	0.567
6.1959	35350.000	37.000	0.105
12.1959	35583.000	233.000	0.659
6.1960	35700.000	117.000	0.329
12.1960	35851.000	151.000	0.423
6.1961	35880.000	29.000	0.081
12.1961	36077.000	197.000	0.549
6.1962	36214.000	137.000	0.380
12.1962	36238.000	24.000	0.066
6.1963	36308.000	70.000	0.193
12.1963	36289.000	-19.000	-0.052
6.1964	36405.000	116.000	0.320
12.1964	36527.000	122.000	0.335
6.1965	36639.000	112.000	0.307
12.1965	36725.000	86.000	0.235
6.1966	37009.000	284.000	0.773
12.1966	37346.000	337.000	0.911
6.1967	37254.000	-92.000	-0.246
12.1967	37182.000	-72.000	-0.193
6.1968	37366.000	184.000	0.495
12.1968	37544.000	178.000	0.476
6.1969	37609.000	65.000	0.173
12.1969	37801.000	192.000	0.511
6.1970	37750.000	-51.000	-0.135
12.1970	37776.000	26.000	0.069
6.1971	37840.000	64.000	0.169
12.1971	37857.000	17.000	0.045
6.1972	38052.000	195.000	0.515
12.1972	38303.000	251.000	0.660
6.1973	38504.000	201.000	0.525
12.1973	38858.000	354.000	0.919
6.1974	39170.000	312.000	0.803
12.1974	39556.000	386.000	0.985
6.1975	39617.000	61.000	0.154
12.1975	40105.000	488.000	1.232
6.1976	40307.000	202.000	0.504
12.1976	40574.000	267.000	0.662
6.1977	40684.000	110.000	0.271
12.1977	40832.000	148.000	0.364
6.1978	40787.000	-45.000	-0.110
12.1978	40816.000	29.000	0.071
6.1979	40782.000	-34.000	-0.083
12.1979	40711.000	-71.000	-0.174
6.1980	40735.000	24.000	0.059
12.1980	40763.000	28.000	0.069
6.1981	40838.000	75.000	0.184
12.1981	40943.000	105.000	0.257
6.1982	41131.000	188.000	0.459
12.1982	41353.000	222.000	0.540
6.1983	41583.000	230.000	0.556
12.1983	41869.000	286.000	0.688
6.1984	42033.000	164.000	0.392
12.1984	42225.000	192.000	0.457
6.1985	42245.000	20.000	0.047
12.1985	42261.000	16.000	0.038
6.1986	42175.512	-85.488	-0.202
12.1986	42110.535	-64.977	-0.154
6.1987	41961.703	-148.832	-0.353
12.1987	41930.008	-31.695	-0.076
6.1988	41917.449	-12.559	-0.030

STUDIE : MODELL ZUR ANALYSE UND PROGNOSE DER NEUZULASSUNGEN PKW/VDA IN DER BRD
HALBJAHRESWERTE STAND: 1986 1/JOB/01

#IND351

ZEITREIHE : AUTOKOSTEN ADAC INDEX

MM.JJJJ	ZEITREIHEN-WERTE	ABWEICHUNG ZUR VORPERIODE (ABS.)	ABWEICHUNG ZUR VORPERIODE (IN %)
6.1955	43.800		
12.1955	44.400	0.600	1.370
6.1956	44.700	0.300	0.676
12.1956	45.400	0.700	1.566
6.1957	45.800	0.400	0.881
12.1957	46.400	0.600	1.310
6.1958	46.700	0.300	0.647
12.1958	47.300	0.600	1.285
6.1959	47.500	0.200	0.423
12.1959	47.500	0.000	0.000
6.1960	48.400	0.900	1.895
12.1960	49.200	0.800	1.653
6.1961	49.400	0.200	0.406
12.1961	50.100	0.700	1.417
6.1962	50.400	0.300	0.599
12.1962	51.800	1.400	2.778
6.1963	51.400	-0.400	-0.772
12.1963	52.800	1.400	2.724
6.1964	52.400	-0.400	-0.758
12.1964	53.900	1.500	2.863
6.1965	53.400	-0.500	-0.928
12.1965	54.900	1.500	2.809
6.1966	54.700	-0.200	-0.364
12.1966	55.300	0.600	1.097
6.1967	55.800	0.500	0.904
12.1967	55.900	0.100	0.179
6.1968	56.800	0.900	1.610
12.1968	56.900	0.100	0.176
6.1969	56.400	-0.500	-0.879
12.1969	56.100	-0.300	-0.532
6.1970	57.500	1.400	2.496
12.1970	58.900	1.400	2.435
6.1971	63.300	4.400	7.470
12.1971	65.300	2.000	3.160
6.1972	67.600	2.300	3.522
12.1972	68.100	0.500	0.740
6.1973	70.200	2.100	3.084
12.1973	73.200	3.000	4.274
6.1974	78.200	5.000	6.831
12.1974	78.700	0.500	0.639
6.1975	80.700	2.000	2.541
12.1975	81.900	1.200	1.487
6.1976	84.200	2.300	2.808
12.1976	84.800	0.600	0.713
6.1977	86.300	1.500	1.769
12.1977	86.700	0.400	0.463
6.1978	87.900	1.200	1.384
12.1978	89.700	1.800	2.048
6.1979	92.500	2.800	3.122
12.1979	95.800	3.300	3.568
6.1980	99.600	3.800	3.967
12.1980	101.200	1.600	1.606
6.1981	106.800	5.600	5.534
12.1981	113.000	6.200	5.805
6.1982	108.800	-4.200	-3.717
12.1982	115.700	6.900	6.342
6.1983	114.000	-1.700	-1.469
12.1983	119.200	5.200	4.561
6.1984	119.400	0.200	0.168
12.1984	120.400	1.000	0.838
6.1985	121.400	1.000	0.831
12.1985	121.300	-0.100	-0.082
6.1986	121.000	-0.300	-0.247
12.1986	120.700	-0.300	-0.248
6.1987	121.800	1.100	0.911
12.1987	122.900	1.100	0.903
6.1988	123.800	0.900	0.732
12.1988	124.900	1.100	0.889

STUDIE : MODELL ZUR ANALYSE UND PROGNOSE DER NEUZULASSUNGEN PKW/VDA IN DER BRD HALBJAHRESWERTE STAND: 1986

#IND113

ZEITREIHE : NETTOLOHN- UND -GEHALTSSUMME(MRD.DM,BBK)

MM.JJJJ	ZEITREIHEN-WERTE	ABWEICHUNG ZUR VORPERIODE (ABS.)	ABWEICHUNG ZUR VORPERIODE (IN %)
6.1955	33.800		
12.1955	35.800	2.000	5.917
6.1956	37.900	2.100	5.866
12.1956	39.800	1.900	5.013
6.1957	41.500	1.700	4.271
12.1957	43.100	1.600	3.855
6.1958	44.300	1.200	2.784
12.1958	45.800	1.500	3.386
6.1959	47.300	1.500	3.275
12.1959	49.500	2.200	4.651
6.1960	52.200	2.700	5.455
12.1960	56.100	3.900	7.471
6.1961	58.800	2.700	4.813
12.1961	61.500	2.700	4.592
6.1962	64.700	3.200	5.203
12.1962	67.300	2.600	4.019
6.1963	68.600	1.300	1.932
12.1963	72.300	3.700	5.394
6.1964	75.300	3.000	4.149
12.1964	78.900	3.600	4.781
6.1965	84.100	5.200	6.591
12.1965	87.500	3.400	4.043
6.1966	90.100	2.600	2.971
12.1966	91.500	1.400	1.554
6.1967	90.200	-1.300	-1.421
12.1967	90.500	0.300	0.333
6.1968	93.000	2.500	2.762
12.1968	97.700	4.700	5.054
6.1969	102.500	4.800	4.913
12.1969	109.400	6.900	6.732
6.1970	119.100	9.700	8.867
12.1970	126.300	7.200	6.045
6.1971	132.100	5.800	4.592
12.1971	138.800	6.700	5.072
6.1972	145.700	6.900	4.971
12.1972	150.100	4.400	3.020
6.1973	157.700	7.600	5.063
12.1973	165.200	7.500	4.756
6.1974	175.300	10.100	6.114
12.1974	181.300	6.000	3.423
6.1975	184.000	2.700	1.489
12.1975	185.800	1.800	0.978
6.1976	190.100	4.300	2.314
12.1976	196.100	6.000	3.156
6.1977	201.200	5.100	2.601
12.1977	207.100	5.900	2.932
6.1978	216.800	9.700	4.684
12.1978	224.000	7.200	3.321
6.1979	234.300	10.300	4.598
12.1979	243.200	8.900	3.799
6.1980	252.000	8.800	3.618
12.1980	260.000	8.000	3.175
6.1981	262.700	2.700	1.038
12.1981	268.000	5.300	2.018
6.1982	265.600	-2.400	-0.895
12.1982	268.200	2.600	0.979
6.1983	267.600	-0.600	-0.224
12.1983	271.900	4.300	1.607
6.1984	274.100	2.200	0.809
12.1984	276.700	2.600	0.949
6.1985	279.800	3.100	1.120
12.1985	283.500	3.700	1.322
6.1986	294.100	10.600	3.739
12.1986	308.100	14.000	4.760
6.1987	315.000	6.900	2.240
12.1987	320.000	5.000	1.587
6.1988	325.000	5.000	1.563
12.1988	328.000	3.000	0.923

STUDIE : MODELL ZUR ANALYSE UND PROGNOSE DER NEUZULASSUNGEN PKW/VDA IN DER BRD HALBJAHRESWERTE STAND: 1986

#IND096

ZEITREIHE : PRODUKTIONS-UND LIEFERAUSFäLLE

MM.JJJJ	ZEITREIHEN-WERTE	ABWEICHUNG ZUR VORPERIODE (ABS.)	ABWEICHUNG ZUR VORPERIODE (IN %)
6.1955	0.000		
12.1955	0.000	0.000	*************
6.1956	0.000	0.000	*************
12.1956	0.000	0.000	*************
6.1957	0.000	0.000	*************
12.1957	0.000	0.000	*************
6.1958	0.000	0.000	*************
12.1958	0.000	0.000	*************
6.1959	-50.000	-50.000	*************
12.1959	50.000	100.000	-200.000
6.1960	0.000	-50.000	-100.000
12.1960	0.000	0.000	*************
6.1961	0.000	0.000	*************
12.1961	0.000	0.000	*************
6.1962	0.000	0.000	*************
12.1962	0.000	0.000	*************
6.1963	0.000	0.000	*************
12.1963	0.000	0.000	*************
6.1964	0.000	0.000	*************
12.1964	0.000	0.000	*************
6.1965	0.000	0.000	*************
12.1965	0.000	0.000	*************
6.1966	0.000	0.000	*************
12.1966	0.000	0.000	*************
6.1967	0.000	0.000	*************
12.1967	0.000	0.000	*************
6.1968	0.000	0.000	*************
12.1968	0.000	0.000	*************
6.1969	-85.000	-85.000	*************
12.1969	-25.000	60.000	-70.588
6.1970	50.000	75.000	-300.000
12.1970	100.000	50.000	100.000
6.1971	75.000	-25.000	-25.000
12.1971	0.000	-75.000	-100.000
6.1972	0.000	0.000	*************
12.1972	0.000	0.000	*************
6.1973	0.000	0.000	*************
12.1973	0.000	0.000	*************
6.1974	0.000	0.000	*************
12.1974	0.000	0.000	*************
6.1975	-36.000	-36.000	*************
12.1975	-2.000	34.000	-94.444
6.1976	25.000	27.000	-1350.000
12.1976	0.000	-25.000	-100.000
6.1977	0.000	0.000	*************
12.1977	0.000	0.000	*************
6.1978	0.000	0.000	*************
12.1978	2.500	2.500	*************
6.1979	110.000	107.500	4300.000
12.1979	0.000	-110.000	-100.000
6.1980	0.000	0.000	*************
12.1980	0.000	0.000	*************
6.1981	0.000	0.000	*************
12.1981	0.000	0.000	*************
6.1982	0.000	0.000	*************
12.1982	0.000	0.000	*************
6.1983	0.000	0.000	*************
12.1983	0.000	0.000	*************
6.1984	-80.000	-80.000	*************
12.1984	23.000	103.000	-128.750
6.1985	0.000	-23.000	-100.000
12.1985	0.000	0.000	*************
6.1986	0.000	0.000	*************
12.1986	0.000	0.000	*************
6.1987	0.000	0.000	*************
12.1987	0.000	0.000	*************
6.1988	0.000	0.000	*************
12.1988	0.000	0.000	*************

STUDIE : MODELL ZUR ANALYSE UND PROGNOSE DER NEUZULASSUNGEN PKW/VDA IN DER BRD
HALBJAHRESWERTE STAND: 1986

#IND555

ZEITREIHE : SAISON

MM.JJJJ	ZEITREIHEN-WERTE	ABWEICHUNG ZUR VORPERIODE (ABS.)	ABWEICHUNG ZUR VORPERIODE (IN %)
6.1955	1.000		
12.1955	-1.000	-2.000	-200.000
6.1956	1.000	2.000	-200.000
12.1956	-1.000	-2.000	-200.000
6.1957	1.000	2.000	-200.000
12.1957	-1.000	-2.000	-200.000
6.1958	1.000	2.000	-200.000
12.1958	-1.000	-2.000	-200.000
6.1959	1.000	2.000	-200.000
12.1959	-1.000	-2.000	-200.000
6.1960	1.000	2.000	-200.000
12.1960	-1.000	-2.000	-200.000
6.1961	1.000	2.000	-200.000
12.1961	-1.000	-2.000	-200.000
6.1962	1.000	2.000	-200.000
12.1962	-1.000	-2.000	-200.000
6.1963	1.000	2.000	-200.000
12.1963	-1.000	-2.000	-200.000
6.1964	1.000	2.000	-200.000
12.1964	-1.000	-2.000	-200.000
6.1965	1.000	2.000	-200.000
12.1965	-1.000	-2.000	-200.000
6.1966	1.000	2.000	-200.000
12.1966	-1.000	-2.000	-200.000
6.1967	1.000	2.000	-200.000
12.1967	-1.000	-2.000	-200.000
6.1968	1.000	2.000	-200.000
12.1968	-1.000	-2.000	-200.000
6.1969	1.000	2.000	-200.000
12.1969	-1.000	-2.000	-200.000
6.1970	1.000	2.000	-200.000
12.1970	-1.000	-2.000	-200.000
6.1971	1.000	2.000	-200.000
12.1971	-1.000	-2.000	-200.000
6.1972	1.000	2.000	-200.000
12.1972	-1.000	-2.000	-200.000
6.1973	1.000	2.000	-200.000
12.1973	-1.000	-2.000	-200.000
6.1974	1.000	2.000	-200.000
12.1974	-1.000	-2.000	-200.000
6.1975	1.000	2.000	-200.000
12.1975	-1.000	-2.000	-200.000
6.1976	1.000	2.000	-200.000
12.1976	-1.000	-2.000	-200.000
6.1977	1.000	2.000	-200.000
12.1977	-1.000	-2.000	-200.000
6.1978	1.000	2.000	-200.000
12.1978	-1.000	-2.000	-200.000
6.1979	1.000	2.000	-200.000
12.1979	-1.000	-2.000	-200.000
6.1980	1.000	2.000	-200.000
12.1980	-1.000	-2.000	-200.000
6.1981	1.000	2.000	-200.000
12.1981	-1.000	-2.000	-200.000
6.1982	1.000	2.000	-200.000
12.1982	-1.000	-2.000	-200.000
6.1983	1.000	2.000	-200.000
12.1983	-1.000	-2.000	-200.000
6.1984	1.000	2.000	-200.000
12.1984	-1.000	-2.000	-200.000
6.1985	1.000	2.000	-200.000
12.1985	-1.000	-2.000	-200.000
6.1986	1.000	2.000	-200.000
12.1986	-1.000	-2.000	-200.000
6.1987	1.000	2.000	-200.000
12.1987	-1.000	-2.000	-200.000
6.1988	1.000	2.000	-200.000
12.1988	-1.000	-2.000	-200.000

STUDIE : MODELL ZUR ANALYSE UND PROGNOSE DER NEUZULASSUNGEN PKW/VDA IN DER BRD
HALBJAHRESWERTE STAND: 1986

#IND888

ZEITREIHE : ZINSSATZ PA :3-MONATSGELD (BBK)

MM.JJJJ	ZEITREIHEN-WERTE	ABWEICHUNG ZUR VORPERIODE (ABS.)	ABWEICHUNG ZUR VORPERIODE (IN %)
6.1955	3.320		
12.1955	5.080	1.760	53.012
6.1956	5.400	0.320	6.299
12.1956	6.940	1.540	28.519
6.1957	5.080	-1.860	-26.801
12.1957	4.660	-0.420	-8.268
6.1958	3.770	-0.890	-19.099
12.1958	3.420	-0.350	-9.284
6.1959	2.840	-0.580	-16.959
12.1959	3.560	0.720	25.352
6.1960	4.650	1.090	30.618
12.1960	5.560	0.910	19.570
6.1961	3.690	-1.870	-33.633
12.1961	3.480	-0.210	-5.691
6.1962	3.020	-0.460	-13.218
12.1962	3.870	0.850	28.146
6.1963	3.540	-0.330	-8.527
12.1963	4.460	0.920	25.989
6.1964	3.500	-0.960	-21.525
12.1964	4.640	1.140	32.571
6.1965	4.370	-0.270	-5.819
12.1965	5.900	1.530	35.011
6.1966	5.940	0.040	0.678
12.1966	7.310	1.370	23.064
6.1967	4.740	-2.570	-35.157
12.1967	3.790	-0.950	-20.042
6.1968	3.550	-0.240	-6.332
12.1968	4.020	0.470	13.239
6.1969	4.380	0.360	8.955
12.1969	7.190	2.810	64.155
6.1970	9.730	2.540	35.327
12.1970	9.110	-0.620	-6.372
6.1971	6.960	-2.150	-23.600
12.1971	7.340	0.380	5.460
6.1972	4.830	-2.510	-34.196
12.1972	6.390	1.560	32.298
6.1973	10.210	3.820	59.781
12.1973	14.010	3.800	37.218
6.1974	10.430	-3.580	-25.553
12.1974	9.370	-1.060	-10.163
6.1975	5.770	-3.600	-38.420
12.1975	4.140	-1.630	-28.250
6.1976	3.820	-0.320	-7.729
12.1976	4.680	0.860	22.513
6.1977	4.590	-0.090	-1.923
12.1977	4.140	-0.450	-9.804
6.1978	3.560	-0.580	-14.010
12.1978	3.830	0.270	7.584
6.1979	5.070	1.240	32.376
12.1979	8.300	3.230	63.708
6.1980	9.680	1.380	16.626
12.1980	9.400	-0.280	-2.893
6.1981	11.100	1.700	18.085
12.1981	12.010	0.910	8.198
6.1982	9.730	-2.280	-18.984
12.1982	8.020	-1.710	-17.574
6.1983	5.530	-2.490	-31.047
12.1983	6.020	0.490	8.861
6.1984	6.000	-0.020	-0.332
12.1984	5.720	-0.280	-4.667
6.1985	5.500	-0.220	-3.846
12.1985	5.300	-0.200	-3.636
6.1986	4.900	-0.400	-7.547
12.1986	4.800	-0.100	-2.041
6.1987	5.500	0.700	14.583
12.1987	6.500	1.000	18.182
6.1988	6.500	0.000	0.000
12.1988	6.500	0.000	0.000

STUDIE : MODELL ZUR ANALYSE UND PROGNOSE DER NEUZULASSUNGEN PKW/VDA IN DER BRD
HALBJAHRESWERTE STAND: 1986

#IND099

ZEITREIHE : SONDER-EINFLUESSE

MM.JJJJ	ZEITREIHEN-WERTE	ABWEICHUNG ZUR VORPERIODE (ABS.)	ABWEICHUNG ZUR VORPERIODE (IN %)
6.1955	0.000		
12.1955	0.000	0.000	*************
6.1956	0.000	0.000	*************
12.1956	0.000	0.000	*************
6.1957	0.000	0.000	*************
12.1957	0.000	0.000	*************
6.1958	0.000	0.000	*************
12.1958	0.000	0.000	*************
6.1959	0.000	0.000	*************
12.1959	0.000	0.000	*************
6.1960	0.000	0.000	*************
12.1960	0.000	0.000	*************
6.1961	0.000	0.000	*************
12.1961	0.000	0.000	*************
6.1962	0.000	0.000	*************
12.1962	0.000	0.000	*************
6.1963	0.000	0.000	*************
12.1963	0.000	0.000	*************
6.1964	0.000	0.000	*************
12.1964	0.000	0.000	*************
6.1965	0.000	0.000	*************
12.1965	0.000	0.000	*************
6.1966	0.000	0.000	*************
12.1966	-7.400	-7.400	*************
6.1967	-16.000	-8.600	116.216
12.1967	-12.400	3.600	-22.500
6.1968	-18.400	-6.000	48.387
12.1968	-12.200	6.200	-33.696
6.1969	0.000	12.200	-100.000
12.1969	0.000	0.000	*************
6.1970	0.000	0.000	*************
12.1970	0.000	0.000	*************
6.1971	0.000	0.000	*************
12.1971	0.000	0.000	*************
6.1972	0.000	0.000	*************
12.1972	0.000	0.000	*************
6.1973	0.000	0.000	*************
12.1973	-14.000	-14.000	*************
6.1974	-12.000	2.000	-14.286
12.1974	-13.000	-1.000	8.333
6.1975	-5.400	7.600	-58.462
12.1975	-6.400	-1.000	18.519
6.1976	0.000	6.400	-100.000
12.1976	0.000	0.000	*************
6.1977	0.000	0.000	*************
12.1977	0.000	0.000	*************
6.1978	0.000	0.000	*************
12.1978	0.000	0.000	*************
6.1979	0.000	0.000	*************
12.1979	0.000	0.000	*************
6.1980	0.000	0.000	*************
12.1980	0.000	0.000	*************
6.1981	0.000	0.000	*************
12.1981	0.000	0.000	*************
6.1982	0.000	0.000	*************
12.1982	0.000	0.000	*************
6.1983	0.000	0.000	*************
12.1983	0.000	0.000	*************
6.1984	0.000	0.000	*************
12.1984	-5.000	-5.000	*************
6.1985	-12.700	-7.700	154.000
12.1985	0.700	13.400	-105.512
6.1986	1.000	0.300	42.857
12.1986	8.800	7.800	780.000
6.1987	7.000	-1.800	-20.455
12.1987	2.200	-4.800	-68.571
6.1988	0.000	-2.200	-100.000
12.1988	0.000	0.000	*************

STUDIE : SEGMENT-1-ANTEIL ANALYSE UND PROGNOSE

#IND999

ZEITREIHE : POTENTIALANTEIL SEGMENT 1

MM.JJJJ	ZEITREIHEN-WERTE	ABWEICHUNG ZUR VORPERIODE (ABS.)	ABWEICHUNG ZUR VORPERIODE (IN %)
6.1973	0.366		
12.1973	0.391	0.025	6.774
6.1974	0.380	-0.011	-2.763
12.1974	0.418	0.037	9.840
6.1975	0.403	-0.014	-3.377
12.1975	0.393	-0.011	-2.652
6.1976	0.369	-0.023	-5.959
12.1976	0.363	-0.006	-1.679
6.1977	0.379	0.016	4.324
12.1977	0.346	-0.033	-8.606
6.1978	0.302	-0.044	-12.854
12.1978	0.321	0.019	6.331
6.1979	0.321	0.000	0.062
12.1979	0.366	0.045	14.050
6.1980	0.389	0.022	6.146
12.1980	0.425	0.037	9.496
6.1981	0.440	0.015	3.478
12.1981	0.396	-0.044	-10.061
6.1982	0.447	0.051	12.879
12.1982	0.433	-0.014	-3.177
6.1983	0.408	-0.025	-5.799
12.1983	0.415	0.007	1.766
6.1984	0.439	0.024	5.833
12.1984	0.459	0.020	4.464
6.1985	0.472	0.014	2.965
12.1985	0.481	0.009	1.863

STUDIE : SEGMENT-1-ANTEIL ANALYSE UND PROGNOSE

#LXSM51

Segmentattraktivität Segment 1

MM.JJJJ	ZEITREIHEN-WERTE	ABWEICHUNG ZUR VORPERIODE (ABS.)	ABWEICHUNG ZUR VORPERIODE (IN %)
6.1974	33.400		
12.1974	74.800	41.400	123.952
6.1975	72.600	-2.200	-2.941
12.1975	81.600	9.000	12.397
6.1976	81.600	0.000	0.000
12.1976	86.300	4.700	5.760
6.1977	87.100	0.800	0.927
12.1977	87.400	0.300	0.344
6.1978	85.800	-1.600	-1.831
12.1978	88.800	3.000	3.496
6.1979	82.900	-5.900	-6.644
12.1979	86.700	3.800	4.584
6.1980	85.800	-0.900	-1.038
12.1980	93.100	7.300	8.508
6.1981	92.500	-0.600	-0.644
12.1981	87.800	-4.700	-5.081
6.1982	88.800	1.000	1.139
12.1982	91.700	2.900	3.266
6.1983	101.000	9.300	10.142
12.1983	107.900	6.900	6.832
6.1984	115.100	7.200	6.673
12.1984	124.800	9.700	8.427
6.1985	129.000	4.200	3.365
12.1985	126.500	-2.500	-1.938
6.1986	127.900	1.400	1.107
12.1986	122.500	-5.400	-4.222
6.1987	122.400	-0.100	-0.082
12.1987	117.400	-5.000	-4.085
6.1988	119.000	1.600	1.363
12.1988	120.600	1.600	1.345
6.1989	121.200	0.600	0.498
12.1989	115.300	-5.900	-4.868
6.1990	112.325	-2.975	-2.580
12.1990	114.006	1.681	1.497
6.1991	129.733	15.727	13.794
12.1991	144.641	14.908	11.491

STUDIE : SEGMENT-1-ANTEIL ANALYSE UND PROGNOSE

#LXSM66

Segmentattraktivität Segment 2

MM.JJJJ	ZEITREIHEN-WERTE	ABWEICHUNG ZUR VORPERIODE (ABS.)	ABWEICHUNG ZUR VORPERIODE (IN %)
6.1974	34.400		
12.1974	84.300	49.900	145.058
6.1975	76.300	-8.000	-9.490
12.1975	91.600	15.300	20.052
6.1976	96.200	4.600	5.022
12.1976	98.700	2.500	2.599
6.1977	97.700	-1.000	-1.013
12.1977	90.700	-7.000	-7.165
6.1978	92.000	1.300	1.433
12.1978	97.400	5.400	5.870
6.1979	96.400	-1.000	-1.027
12.1979	101.000	4.600	4.772
6.1980	101.200	0.200	0.198
12.1980	105.800	4.600	4.545
6.1981	103.700	-2.100	-1.985
12.1981	102.700	-1.000	-0.964
6.1982	101.300	-1.400	-1.363
12.1982	107.300	6.000	5.923
6.1983	109.400	2.100	1.957
12.1983	111.500	2.100	1.920
6.1984	115.800	4.300	3.857
12.1984	114.100	-1.700	-1.468
6.1985	110.600	-3.500	-3.067
12.1985	100.700	-9.900	-8.951
6.1986	97.600	-3.100	-3.078
12.1986	93.400	-4.200	-4.303
6.1987	90.400	-3.000	-3.212
12.1987	89.600	-0.800	-0.885
6.1988	88.600	-1.000	-1.116
12.1988	86.600	-2.000	-2.257
6.1989	82.600	-4.000	-4.619

STUDIE : SEGMENT-1-ANTEIL ANALYSE UND PROGNOSE

#LXSM36

Segmentattraktivität Segment 3

MM.JJJJ	ZEITREIHEN-WERTE	ABWEICHUNG ZUR VORPERIODE (ABS.)	ABWEICHUNG ZUR VORPERIODE (IN %)
6.1974	33.310		
12.1974	68.590	35.280	105.914
6.1975	62.350	-6.240	-9.098
12.1975	59.710	-2.640	-4.234
6.1976	57.360	-2.350	-3.936
12.1976	60.600	3.240	5.649
6.1977	61.530	0.930	1.535
12.1977	69.690	8.160	13.262
6.1978	72.840	3.150	4.520
12.1978	72.040	-0.800	-1.098
6.1979	72.140	0.100	0.139
12.1979	74.500	2.360	3.271
6.1980	66.660	-7.840	-10.523
12.1980	59.300	-7.360	-11.041
6.1981	59.090	-0.210	-0.354
12.1981	57.210	-1.880	-3.182
6.1982	52.080	-5.130	-8.967
12.1982	54.650	2.570	4.935
6.1983	53.990	-0.660	-1.208
12.1983	54.920	0.930	1.723
6.1984	52.760	-2.160	-3.933
12.1984	51.590	-1.170	-2.218
6.1985	58.180	6.590	12.774
12.1985	59.750	1.570	2.699
6.1986	59.720	-0.030	-0.050
12.1986	66.000	6.280	10.516
6.1987	68.060	2.060	3.121
12.1987	71.190	3.130	4.599
6.1988	70.420	-0.770	-1.082
12.1988	68.730	-1.690	-2.400

STUDIE : SEGMENT-1-ANTEIL ANALYSE UND PROGNOSE

#IND300

ZEITREIHE : PUNKTWERTE SEGMENT 1 (F.SEG.ATTR.)

MM.JJJJ	ZEITREIHEN-WERTE	ABWEICHUNG ZUR VORPERIODE (ABS.)	ABWEICHUNG ZUR VORPERIODE (IN %)
6.1969	4.000		
12.1969	3.000	-1.000	-25.000
6.1970	5.000	2.000	66.667
12.1970	1.000	-4.000	-80.000
6.1971	0.000	-1.000	-100.000
12.1971	3.000	3.000	*************
6.1972	5.000	2.000	66.667
12.1972	5.000	0.000	0.000
6.1973	2.000	-3.000	-60.000
12.1973	5.000	3.000	150.000
6.1974	0.000	-5.000	-100.000
12.1974	15.000	15.000	*************
6.1975	0.000	-15.000	-100.000
12.1975	9.000	9.000	*************
6.1976	0.000	-9.000	-100.000
12.1976	6.000	6.000	*************
6.1977	2.000	-4.000	-66.667
12.1977	2.000	0.000	0.000
6.1978	0.000	-2.000	-100.000
12.1978	9.000	9.000	*************
6.1979	0.000	-9.000	-100.000
12.1979	10.000	10.000	*************
6.1980	2.000	-8.000	-80.000
12.1980	12.000	10.000	500.000
6.1981	0.000	-12.000	-100.000
12.1981	6.000	6.000	*************
6.1982	0.000	-6.000	-100.000
12.1982	10.000	10.000	*************
6.1983	9.000	-1.000	-10.000
12.1983	11.000	2.000	22.222
6.1984	6.000	-5.000	-45.455
12.1984	8.000	2.000	33.333
6.1985	2.000	-6.000	-75.000
12.1985	3.000	1.000	50.000
6.1986	4.000	1.000	33.333
12.1986	5.000	1.000	25.000
6.1987	6.000	1.000	20.000
12.1987	6.000	0.000	0.000
6.1988	4.000	-2.000	-33.333
12.1988	8.000	4.000	100.000
6.1989	4.000	-4.000	-50.000

STUDIE : SEGMENT-1-ANTEIL ANALYSE UND PROGNOSE

#IND301

ZEITREIHE : PUNKTWERTE SEGMENT 2 (FÜR SEG.ATT.)

MM.JJJJ	ZEITREIHEN-WERTE	ABWEICHUNG ZUR VORPERIODE (ABS.)	ABWEICHUNG ZUR VORPERIODE (IN %)
6.1969	4.000		
12.1969	3.000	-1.000	-25.000
6.1970	4.000	1.000	33.333
12.1970	16.000	12.000	300.000
6.1971	4.000	-12.000	-75.000
12.1971	3.000	-1.000	-25.000
6.1972	0.000	-3.000	-100.000
12.1972	5.000	5.000	*************
6.1973	5.000	0.000	0.000
12.1973	0.000	-5.000	-100.000
6.1974	5.000	5.000	*************
12.1974	6.000	1.000	20.000
6.1975	0.000	-6.000	-100.000
12.1975	18.000	18.000	*************
6.1976	4.000	-14.000	-77.778
12.1976	5.000	1.000	25.000
6.1977	2.000	-3.000	-60.000
12.1977	4.000	2.000	100.000
6.1978	3.000	-1.000	-25.000
12.1978	9.000	6.000	200.000
6.1979	2.000	-7.000	-77.778
12.1979	10.000	8.000	400.000
6.1980	4.000	-6.000	-60.000
12.1980	5.000	1.000	25.000
6.1981	2.000	-3.000	-60.000
12.1981	6.000	4.000	200.000
6.1982	2.000	-4.000	-66.667
12.1982	22.000	20.000	1000.000
6.1983	4.000	-18.000	-81.818
12.1983	4.000	0.000	0.000
6.1984	4.000	0.000	0.000
12.1984	0.000	-4.000	-100.000
6.1985	0.000	0.000	*************
12.1985	2.000	2.000	*************
6.1986	6.000	4.000	200.000
12.1986	8.000	2.000	33.333
6.1987	3.000	-5.000	-62.500
12.1987	5.000	2.000	66.667
6.1988	1.000	-4.000	-80.000
12.1988	5.000	4.000	400.000
6.1989	1.000	-4.000	-80.000

STUDIE : SEGMENT-1-ANTEIL ANALYSE UND PROGNOSE

#IND302

ZEITREIHE : PUNKTWERTE SEGMENT 3 (FÜR SEGMENTATT.)

MM.JJJJ	ZEITREIHEN-WERTE	ABWEICHUNG ZUR VORPERIODE (ABS.)	ABWEICHUNG ZUR VORPERIODE (IN %)
6.1969	1.000		
12.1969	1.000	0.000	0.000
6.1970	1.000	0.000	0.000
12.1970	1.000	0.000	0.000
6.1971	0.000	-1.000	-100.000
12.1971	0.000	0.000	*************
6.1972	7.000	7.000	*************
12.1972	11.000	4.000	57.143
6.1973	0.000	-11.000	-100.000
12.1973	0.000	0.000	*************
6.1974	0.000	0.000	*************
12.1974	6.000	6.000	*************
6.1975	2.000	-4.000	-66.667
12.1975	4.000	2.000	100.000
6.1976	5.000	1.000	25.000
12.1976	5.000	0.000	0.000
6.1977	0.000	-5.000	-100.000
12.1977	9.000	9.000	*************
6.1978	3.000	-6.000	-66.667
12.1978	0.000	-3.000	-100.000
6.1979	2.000	2.000	*************
12.1979	5.000	3.000	150.000
6.1980	0.000	-5.000	-100.000
12.1980	1.000	1.000	*************
6.1981	2.000	1.000	100.000
12.1981	0.000	-2.000	-100.000
6.1982	0.000	0.000	*************
12.1982	9.000	9.000	*************
6.1983	2.000	-7.000	-77.778
12.1983	5.000	3.000	150.000
6.1984	0.000	-5.000	-100.000
12.1984	0.000	0.000	*************
6.1985	10.000	10.000	*************
12.1985	6.000	-4.000	-40.000
6.1986	1.000	-5.000	-83.333
12.1986	6.000	5.000	500.000
6.1987	1.000	-5.000	-83.333
12.1987	5.000	4.000	400.000
6.1988	1.000	-4.000	-80.000
12.1988	1.000	0.000	0.000

STUDIE : SEGMENT-1-ANTEIL ANALYSE UND PROGNOSE

#IND303

ZEITREIHE : PUNKTWERTE SEGMENT 4 (FUR SEGMENTATT.)

MM.JJJJ	ZEITREIHEN-WERTE	ABWEICHUNG ZUR VORPERIODE (ABS.)	ABWEICHUNG ZUR VORPERIODE (IN %)
6.1969	1.000		
12.1969	3.000	2.000	200.000
6.1970	3.000	0.000	0.000
12.1970	0.000	-3.000	-100.000
6.1971	0.000	0.000	*************
12.1971	0.000	0.000	*************
6.1972	0.000	0.000	*************
12.1972	5.000	5.000	*************
6.1973	0.000	-5.000	-100.000
12.1973	0.000	0.000	*************
6.1974	0.000	0.000	*************
12.1974	0.000	0.000	*************
6.1975	0.000	0.000	*************
12.1975	2.000	2.000	*************
6.1976	0.000	-2.000	-100.000
12.1976	6.000	6.000	*************
6.1977	10.000	4.000	66.667
12.1977	0.000	-10.000	-100.000
6.1978	0.000	0.000	*************
12.1978	0.000	0.000	*************
6.1979	3.000	3.000	*************
12.1979	7.000	4.000	133.333
6.1980	0.000	-7.000	-100.000
12.1980	0.000	0.000	*************
6.1981	0.000	0.000	*************
12.1981	0.000	0.000	*************
6.1982	0.000	0.000	*************
12.1982	9.000	9.000	*************
6.1983	2.000	-7.000	-77.778
12.1983	5.000	3.000	150.000
6.1984	0.000	-5.000	-100.000
12.1984	0.000	0.000	*************
6.1985	0.000	0.000	*************
12.1985	0.000	0.000	*************
6.1986	5.000	5.000	*************
12.1986	2.000	-3.000	-60.000
6.1987	0.000	-2.000	-100.000
12.1987	0.000	0.000	*************

STUDIE : SEGMENT-1-ANTEIL ANALYSE UND PROGNOSE

#IND012

ZEITREIHE : WACHSTUMSRATE KRAFTSTOFFKOSTEN REAL ADAC

MM.JJJJ	ZEITREIHEN-WERTE	ABWEICHUNG ZUR VORPERIODE (ABS.)	ABWEICHUNG ZUR VORPERIODE (IN %)
6.1971	1.600		
12.1971	-1.500	-3.100	-193.750
6.1972	-1.400	0.100	-6.667
12.1972	0.600	2.000	-142.857
6.1973	0.300	-0.300	-50.000
12.1973	10.900	10.600	3533.332
6.1974	21.900	11.000	100.917
12.1974	5.100	-16.800	-76.712
6.1975	-8.200	-13.300	-260.784
12.1975	-4.900	3.300	-40.244
6.1976	2.400	7.300	-148.980
12.1976	2.800	0.400	16.667
6.1977	-5.700	-8.500	-303.571
12.1977	-7.400	-1.700	29.825
6.1978	-1.600	5.800	-78.378
12.1978	0.500	2.100	-131.250
6.1979	1.300	0.800	160.000
12.1979	11.100	9.800	753.846
6.1980	7.500	-3.600	-32.432
12.1980	8.600	1.100	14.667
6.1981	10.500	1.900	22.093
12.1981	15.900	5.400	51.429
6.1982	-8.000	-23.900	-150.314
12.1982	-6.700	1.300	-16.250
6.1983	-1.800	4.900	-73.134
12.1983	-4.600	-2.800	155.556
6.1984	-0.800	3.800	-82.609
12.1984	-5.000	-4.200	525.000
6.1985	0.000	5.000	-100.000
12.1985	1.000	1.000	**************
6.1986	-7.000	-8.000	-800.000
12.1986	4.000	11.000	-157.143
6.1987	2.000	-2.000	-50.000
12.1987	1.600	-0.400	-20.000
6.1988	2.000	0.400	25.000
12.1988	2.200	0.200	10.000
6.1989	-1.600	-3.800	-172.727
12.1989	0.000	1.600	-100.000
6.1990	0.000	0.000	**************
12.1990	0.000	0.000	**************
6.1991	1.700	1.700	**************
12.1991	1.700	0.000	0.000
6.1992	1.700	0.000	0.000
12.1992	1.700	0.000	0.000
6.1993	1.800	0.100	5.882
12.1993	1.800	0.000	0.000
6.1994	1.900	0.100	5.556
12.1994	1.900	0.000	0.000
6.1995	1.900	0.000	0.000
12.1995	1.900	0.000	0.000

STUDIE : #IND708 SEGMENT-1-ANTEIL ANALYSE UND PROGNOSE

ZEITREIHE : %-ANTEIL ALTER 30-40 JAHRE

MM.JJJJ	ZEITREIHEN-WERTE	ABWEICHUNG ZUR VORPERIODE (ABS.)	ABWEICHUNG ZUR VORPERIODE (IN %)
6.1972	15.280		
12.1972	15.350	0.070	0.458
6.1973	15.440	0.090	0.586
12.1973	15.540	0.100	0.648
6.1974	15.470	-0.070	-0.450
12.1974	15.400	-0.070	-0.452
6.1975	15.130	-0.270	-1.753
12.1975	14.870	-0.260	-1.718
6.1976	14.680	-0.190	-1.278
12.1976	14.480	-0.200	-1.362
6.1977	14.340	-0.140	-0.967
12.1977	14.010	-0.330	-2.301
6.1978	14.040	0.030	0.214
12.1978	13.900	-0.140	-0.997
6.1979	13.740	-0.160	-1.151
12.1979	13.590	-0.150	-1.092
6.1980	13.420	-0.170	-1.251
12.1980	13.260	-0.160	-1.192
6.1981	13.140	-0.120	-0.905
12.1981	13.020	-0.120	-0.913
6.1982	13.040	0.020	0.154
12.1982	13.060	0.020	0.153
6.1983	13.110	0.050	0.383
12.1983	13.160	0.050	0.381
6.1984	13.210	0.050	0.380
12.1984	13.260	0.050	0.379
6.1985	13.320	0.060	0.452
12.1985	13.380	0.060	0.450
6.1986	13.420	0.040	0.299
12.1986	13.460	0.040	0.298
6.1987	13.500	0.040	0.297
12.1987	13.450	-0.050	-0.370
6.1988	13.340	-0.110	-0.818
12.1988	13.440	0.100	0.750
6.1989	13.460	0.020	0.149
12.1989	13.480	0.020	0.149

STUDIE : SEGMENT-2-ANTEIL ANALYSE UND PROGNOSE

#IND999

ZEITREIHE : POTENTIALANTEIL SEGMENT 2

MM.JJJJ	ZEITREIHEN-WERTE	ABWEICHUNG ZUR VORPERIODE (ABS.)	ABWEICHUNG ZUR VORPERIODE (IN %)
6.1973	0.320		
12.1973	0.342	0.022	6.873
6.1974	0.350	0.008	2.222
12.1974	0.313	-0.037	-10.609
6.1975	0.314	0.001	0.448
12.1975	0.317	0.003	1.019
6.1976	0.370	0.053	16.772
12.1976	0.361	-0.009	-2.538
6.1977	0.385	0.024	6.565
12.1977	0.359	-0.025	-6.577
6.1978	0.369	0.010	2.643
12.1978	0.342	-0.027	-7.211
6.1979	0.373	0.031	8.940
12.1979	0.337	-0.036	-9.654
6.1980	0.337	0.000	0.059
12.1980	0.298	-0.039	-11.658
6.1981	0.326	0.029	9.637
12.1981	0.321	-0.006	-1.746
6.1982	0.348	0.027	8.479
12.1982	0.323	-0.025	-7.213
6.1983	0.374	0.051	15.825
12.1983	0.362	-0.012	-3.316
6.1984	0.371	0.009	2.489
12.1984	0.367	-0.003	-0.863
6.1985	0.357	-0.010	-2.722
12.1985	0.347	-0.010	-2.798

STUDIE : SEGMENT-2-ANTEIL ANALYSE UND PROGNOSE

#IND799

ZEITREIHE : REALE WACHSTUMSRATE DES BSP

MM.JJJJ	ZEITREIHEN-WERTE	ABWEICHUNG ZUR VORPERIODE (ABS.)	ABWEICHUNG ZUR VORPERIODE (IN %)
6.1954	3.000		
12.1954	3.600	0.600	20.000
6.1955	5.600	2.000	55.556
12.1955	5.600	0.000	0.000
6.1956	3.200	-2.400	-42.857
12.1956	3.200	0.000	0.000
6.1957	2.400	-0.800	-25.000
12.1957	2.400	0.000	0.000
6.1958	1.600	-0.800	-33.333
12.1958	1.600	0.000	0.000
6.1959	3.300	1.700	106.250
12.1959	3.400	0.100	3.030
6.1960	3.500	0.100	2.941
12.1960	4.600	1.100	31.429
6.1961	7.900	3.300	71.739
12.1961	2.900	-5.000	-63.291
6.1962	3.300	0.400	13.793
12.1962	4.800	1.500	45.455
6.1963	-2.400	-7.200	-150.000
12.1963	5.700	8.100	-337.500
6.1964	11.800	6.100	107.018
12.1964	4.200	-7.600	-64.407
6.1965	6.100	1.900	45.238
12.1965	5.600	-0.500	-8.197
6.1966	4.700	-0.900	-16.071
12.1966	3.000	-1.700	-36.170
6.1967	-1.800	-4.800	-160.000
12.1967	-0.700	1.100	-61.111
6.1968	4.100	4.800	-685.714
12.1968	7.200	3.100	75.610
6.1969	7.500	0.300	4.167
12.1969	9.200	1.700	22.667
6.1970	6.100	-3.100	-33.696
12.1970	4.200	-1.900	-31.148
6.1971	6.100	1.900	45.238
12.1971	3.500	-2.600	-42.623
6.1972	3.300	-0.200	-5.714
12.1972	2.900	-0.400	-12.121
6.1973	5.400	2.500	86.207
12.1973	6.200	0.800	14.815
6.1974	1.600	-4.600	-74.193
12.1974	0.600	-1.000	-62.500
6.1975	-5.000	-5.600	-933.333
12.1975	-3.500	1.500	-30.000
6.1976	5.800	9.300	-265.714
12.1976	6.400	0.600	10.345
6.1977	2.700	-3.700	-57.812
12.1977	1.800	-0.900	-33.333
6.1978	2.700	0.900	50.000
12.1978	5.000	2.300	85.185
6.1979	4.500	-0.500	-10.000
12.1979	4.500	0.000	0.000
6.1980	5.000	0.500	11.111
12.1980	0.400	-4.600	-92.000
6.1981	-1.500	-1.900	-475.000
12.1981	0.500	2.000	-133.333
6.1982	-0.700	-1.200	-240.000
12.1982	-1.900	-1.200	171.428
6.1983	-0.400	1.500	-78.947
12.1983	2.200	2.600	-649.999
6.1984	2.500	0.300	13.636
12.1984	3.200	0.700	28.000
6.1985	3.000	-0.200	-6.250
12.1985	3.000	0.000	0.000
6.1986	2.000	-1.000	-33.333
12.1986	2.500	0.500	25.000
6.1987	2.500	0.000	0.000
12.1987	2.000	-0.500	-20.000

STUDIE : SEGMENT-3-ANTEIL ANALYSE UND PROGNOSE

#IND999

ZEITREIHE : POTENTIALANTEIL SEGMENT 3

MM.JJJJ	ZEITREIHEN-WERTE	ABWEICHUNG ZUR VORPERIODE (ABS.)	ABWEICHUNG ZUR VORPERIODE (IN %)
6.1973	0.265		
12.1973	0.242	-0.023	-8.601
6.1974	0.237	-0.005	-2.105
12.1974	0.243	0.006	2.572
6.1975	0.254	0.010	4.316
12.1975	0.252	-0.001	-0.591
6.1976	0.232	-0.020	-7.887
12.1976	0.248	0.015	6.497
6.1977	0.245	-0.002	-0.929
12.1977	0.284	0.039	15.987
6.1978	0.276	-0.009	-3.059
12.1978	0.285	0.010	3.482
6.1979	0.270	-0.015	-5.223
12.1979	0.261	-0.009	-3.439
6.1980	0.222	-0.039	-14.899
12.1980	0.219	-0.004	-1.620
6.1981	0.185	-0.033	-15.188
12.1981	0.219	0.034	18.285
6.1982	0.193	-0.026	-11.947
12.1982	0.211	0.018	9.218
6.1983	0.184	-0.026	-12.565
12.1983	0.178	-0.007	-3.579
6.1984	0.153	-0.025	-13.836
12.1984	0.127	-0.026	-16.906
6.1985	0.134	0.006	5.027
12.1985	0.153	0.019	14.428

STUDIE : SEGMENT-3-ANTEIL ANALYSE UND PROGNOSE

#IND500

ZEITREIHE : SPARQUOTE BRD IN %

MM.JJJJ	ZEITREIHEN-WERTE	ABWEICHUNG ZUR VORPERIODE (ABS.)	ABWEICHUNG ZUR VORPERIODE (IN %)
6.1955	6.000		
12.1955	6.000	0.000	0.000
6.1956	6.500	0.500	8.333
12.1956	6.500	0.000	0.000
6.1957	6.500	0.000	0.000
12.1957	7.000	0.500	7.692
6.1958	7.000	0.000	0.000
12.1958	7.000	0.000	0.000
6.1959	7.000	0.000	0.000
12.1959	7.000	0.000	0.000
6.1960	7.600	0.600	8.571
12.1960	9.500	1.900	25.000
6.1961	9.500	0.000	0.000
12.1961	8.700	-0.800	-8.421
6.1962	8.400	-0.300	-3.448
12.1962	8.800	0.400	4.762
6.1963	9.100	0.300	3.409
12.1963	10.700	1.600	17.582
6.1964	11.000	0.300	2.804
12.1964	11.600	0.600	5.455
6.1965	12.600	1.000	8.621
12.1965	11.800	-0.800	-6.349
6.1966	11.800	0.000	0.000
12.1966	11.400	-0.400	-3.390
6.1967	12.200	0.800	7.018
12.1967	10.400	-1.800	-14.754
6.1968	13.000	2.600	25.000
12.1968	12.000	-1.000	-7.692
6.1969	13.900	1.900	15.833
12.1969	12.900	-1.000	-7.194
6.1970	13.900	1.000	7.752
12.1970	13.600	-0.300	-2.158
6.1971	13.000	-0.600	-4.412
12.1971	14.000	1.000	7.692
6.1972	14.800	0.800	5.714
12.1972	14.400	-0.400	-2.703
6.1973	13.500	-0.900	-6.250
12.1973	14.500	1.000	7.407
6.1974	14.200	-0.300	-2.069
12.1974	15.700	1.500	10.563
6.1975	16.000	0.300	1.911
12.1975	14.200	-1.800	-11.250
6.1976	12.900	-1.300	-9.155
12.1976	13.600	0.700	5.426
6.1977	12.300	-1.300	-9.559
12.1977	12.100	-0.200	-1.626
6.1978	11.700	-0.400	-3.306
12.1978	12.400	0.700	5.983
6.1979	12.400	0.000	0.000
12.1979	12.900	0.500	4.032
6.1980	12.900	0.000	0.000
12.1980	12.800	-0.100	-0.775
6.1981	13.900	1.100	8.594
12.1981	13.200	-0.700	-5.036
6.1982	13.600	0.400	3.030
12.1982	12.500	-1.100	-8.088
6.1983	11.900	-0.600	-4.800
12.1983	11.700	-0.200	-1.681
6.1984	12.500	0.800	6.838
12.1984	12.500	0.000	0.000
6.1985	13.000	0.500	4.000
12.1985	13.000	0.000	0.000
6.1986	12.400	-0.600	-4.615
12.1986	12.000	-0.400	-3.226
6.1987	12.000	0.000	0.000
12.1987	12.000	0.000	0.000
6.1988	12.000	0.000	0.000
12.1988	12.000	0.000	0.000

STUDIE : MODELL ZUR ANALYSE UND PROGNOSE D.MARKTANT. MR.X

#IND999

ZEITREIHE : SEGMENTW.MARKTANT.MOD.RH X

MM.JJJJ	ZEITREIHEN-WERTE	ABWEICHUNG ZUR VORPERIODE (ABS.)	ABWEICHUNG ZUR VORPERIODE (IN %)
6.1973	0.042		
12.1973	0.037	-0.005	-12.381
6.1974	0.064	0.028	75.000
12.1974	0.068	0.004	6.366
6.1975	0.084	0.016	23.066
12.1975	0.081	-0.003	-3.915
6.1976	0.073	-0.008	-10.247
12.1976	0.074	0.001	2.063
6.1977	0.069	-0.005	-7.008
12.1977	0.052	-0.017	-24.638
6.1978	0.055	0.003	5.000
12.1978	0.065	0.010	18.864
6.1979	0.066	0.001	1.695
12.1979	0.069	0.003	4.242
6.1980	0.072	0.003	3.924
12.1980	0.063	-0.009	-12.587
6.1981	0.053	-0.010	-15.840
12.1981	0.108	0.055	104.943
6.1982	0.116	0.008	7.514
12.1982	0.112	-0.004	-3.710
6.1983	0.114	0.002	1.971
12.1983	0.113	0.000	-0.351
6.1984	0.114	0.000	0.353
12.1984	0.153	0.039	34.446
6.1985	0.126	-0.027	-17.908
12.1985	0.096	-0.029	-23.408
6.1986	0.083	-0.013	-13.929

STUDIE : MODELL ZUR ANALYSE UND PROGNOSE D.MARKTANT. MR.X

#IND101

ZEITREIHE : ALTER IN HALBJAHREN MOD.REIH. X

MM.JJJJ	ZEITREIHEN-WERTE	ABWEICHUNG ZUR VORPERIODE (ABS.)	ABWEICHUNG ZUR VORPERIODE (IN %)
6.1969	12.000		
12.1969	13.000	1.000	8.333
6.1970	14.000	1.000	7.692
12.1970	15.000	1.000	7.143
6.1971	16.000	1.000	6.667
12.1971	17.000	1.000	6.250
6.1972	18.000	1.000	5.882
12.1972	19.000	1.000	5.556
6.1973	1.000	-18.000	-94.737
12.1973	2.000	1.000	100.000
6.1974	3.000	1.000	50.000
12.1974	4.000	1.000	33.333
6.1975	5.000	1.000	25.000
12.1975	6.000	1.000	20.000
6.1976	7.000	1.000	16.667
12.1976	8.000	1.000	14.286
6.1977	9.000	1.000	12.500
12.1977	10.000	1.000	11.111
6.1978	11.000	1.000	10.000
12.1978	12.000	1.000	9.091
6.1979	13.000	1.000	8.333
12.1979	14.000	1.000	7.692
6.1980	15.000	1.000	7.143
12.1980	16.000	1.000	6.667
6.1981	17.000	1.000	6.250
12.1981	1.000	-16.000	-94.118
6.1982	2.000	1.000	100.000
12.1982	3.000	1.000	50.000
6.1983	4.000	1.000	33.333
12.1983	5.000	1.000	25.000
6.1984	6.000	1.000	20.000
12.1984	7.000	1.000	16.667
6.1985	8.000	1.000	14.286
12.1985	9.000	1.000	12.500
6.1986	10.000	1.000	11.111
12.1986	11.000	1.000	10.000
6.1987	12.000	1.000	9.091
12.1987	13.000	1.000	8.333
6.1988	1.000	-12.000	-92.308
12.1988	2.000	1.000	100.000
6.1989	3.000	1.000	50.000
12.1989	4.000	1.000	33.333
6.1990	5.000	1.000	25.000
12.1990	6.000	1.000	20.000

STUDIE : MODELL ZUR ANALYSE UND PROGNOSE D.MARKTANT. MR.X

#IND102

ZEITREIHE : PUNKTZAHL KAR.U.AUSST. MOD.REIHE X

MM.JJJJ	ZEITREIHEN-WERTE	ABWEICHUNG ZUR VORPERIODE (ABS.)	ABWEICHUNG ZUR VORPERIODE (IN %)
6.1969	70.000		
12.1969	70.000	0.000	0.000
6.1970	70.000	0.000	0.000
12.1970	70.000	0.000	0.000
6.1971	70.000	0.000	0.000
12.1971	70.000	0.000	0.000
6.1972	70.000	0.000	0.000
12.1972	70.000	0.000	0.000
6.1973	76.000	6.000	8.571
12.1973	76.000	0.000	0.000
6.1974	76.000	0.000	0.000
12.1974	76.000	0.000	0.000
6.1975	76.000	0.000	0.000
12.1975	76.000	0.000	0.000
6.1976	76.000	0.000	0.000
12.1976	76.000	0.000	0.000
6.1977	77.000	1.000	1.316
12.1977	77.000	0.000	0.000
6.1978	77.000	0.000	0.000
12.1978	77.000	0.000	0.000
6.1979	77.000	0.000	0.000
12.1979	77.000	0.000	0.000
6.1980	77.000	0.000	0.000
12.1980	77.000	0.000	0.000
6.1981	77.000	0.000	0.000
12.1981	78.000	1.000	1.299
6.1982	78.000	0.000	0.000
12.1982	78.000	0.000	0.000
6.1983	78.000	0.000	0.000
12.1983	78.000	0.000	0.000
6.1984	78.000	0.000	0.000
12.1984	78.000	0.000	0.000
6.1985	78.000	0.000	0.000
12.1985	78.000	0.000	0.000
6.1986	78.000	0.000	0.000
12.1986	78.000	0.000	0.000
6.1987	90.000	12.000	15.385
12.1987	90.000	0.000	0.000
6.1988	82.000	-8.000	-8.889
12.1988	82.000	0.000	0.000
6.1989	82.000	0.000	0.000
12.1989	82.000	0.000	0.000
6.1990	82.000	0.000	0.000
12.1990	82.000	0.000	0.000
6.1991	82.000	0.000	0.000
12.1991	82.000	0.000	0.000

STUDIE : MODELL ZUR ANALYSE UND PROGNOSE D.MARKTANT. MR.X

#IND103

ZEITREIHE : PUNKTZAHL HANDLICHKEIT MOD.REIHE X

MM.JJJJ	ZEITREIHEN-WERTE	ABWEICHUNG ZUR VORPERIODE (ABS.)	ABWEICHUNG ZUR VORPERIODE (IN %)
6.1969	80.000		
12.1969	80.000	0.000	0.000
6.1970	80.000	0.000	0.000
12.1970	80.000	0.000	0.000
6.1971	80.000	0.000	0.000
12.1971	80.000	0.000	0.000
6.1972	80.000	0.000	0.000
12.1972	80.000	0.000	0.000
6.1973	86.000	6.000	7.500
12.1973	86.000	0.000	0.000
6.1974	86.000	0.000	0.000
12.1974	86.000	0.000	0.000
6.1975	86.000	0.000	0.000
12.1975	86.000	0.000	0.000
6.1976	86.000	0.000	0.000
12.1976	86.000	0.000	0.000
6.1977	86.000	0.000	0.000
12.1977	86.000	0.000	0.000
6.1978	86.000	0.000	0.000
12.1978	86.000	0.000	0.000
6.1979	86.000	0.000	0.000
12.1979	86.000	0.000	0.000
6.1980	86.000	0.000	0.000
12.1980	86.000	0.000	0.000
6.1981	86.000	0.000	0.000
12.1981	86.000	0.000	0.000
6.1982	86.000	0.000	0.000
12.1982	86.000	0.000	0.000
6.1983	86.000	0.000	0.000
12.1983	86.000	0.000	0.000
6.1984	86.000	0.000	0.000
12.1984	86.000	0.000	0.000
6.1985	86.000	0.000	0.000
12.1985	86.000	0.000	0.000
6.1986	86.000	0.000	0.000
12.1986	86.000	0.000	0.000
6.1987	86.000	0.000	0.000
12.1987	89.000	3.000	3.488
6.1988	89.000	0.000	0.000
12.1988	89.000	0.000	0.000
6.1989	89.000	0.000	0.000
12.1989	89.000	0.000	0.000

STUDIE : MODELL ZUR ANALYSE UND PROGNOSE D.MARKTANT. MR.X

#IND104

ZEITREIHE : PUNKTZAHL MOTOR U.FAHRLEIST. MOD.REIHE X

MM.JJJJ	ZEITREIHEN-WERTE	ABWEICHUNG ZUR VORPERIODE (ABS.)	ABWEICHUNG ZUR VORPERIODE (IN %)
6.1969	80.000		
12.1969	80.000	0.000	0.000
6.1970	80.000	0.000	0.000
12.1970	80.000	0.000	0.000
6.1971	80.000	0.000	0.000
12.1971	80.000	0.000	0.000
6.1972	80.000	0.000	0.000
12.1972	80.000	0.000	0.000
6.1973	85.000	5.000	6.250
12.1973	85.000	0.000	0.000
6.1974	85.000	0.000	0.000
12.1974	85.000	0.000	0.000
6.1975	85.000	0.000	0.000
12.1975	85.000	0.000	0.000
6.1976	85.000	0.000	0.000
12.1976	85.000	0.000	0.000
6.1977	85.000	0.000	0.000
12.1977	85.000	0.000	0.000
6.1978	95.000	10.000	11.765
12.1978	95.000	0.000	0.000
6.1979	95.000	0.000	0.000
12.1979	95.000	0.000	0.000
6.1980	95.000	0.000	0.000
12.1980	95.000	0.000	0.000
6.1981	95.000	0.000	0.000
12.1981	99.000	4.000	4.211
6.1982	99.000	0.000	0.000
12.1982	99.000	0.000	0.000
6.1983	99.000	0.000	0.000
12.1983	99.000	0.000	0.000
6.1984	99.000	0.000	0.000
12.1984	99.000	0.000	0.000
6.1985	99.000	0.000	0.000
12.1985	99.000	0.000	0.000
6.1986	99.000	0.000	0.000
12.1986	99.000	0.000	0.000
6.1987	99.000	0.000	0.000
12.1987	105.000	6.000	6.061
6.1988	105.000	0.000	0.000
12.1988	105.000	0.000	0.000
6.1989	105.000	0.000	0.000
12.1989	105.000	0.000	0.000
6.1990	105.000	0.000	0.000
12.1990	105.000	0.000	0.000
6.1991	105.000	0.000	0.000
12.1991	105.000	0.000	0.000
6.1992	105.000	0.000	0.000
12.1992	105.000	0.000	0.000
6.1993	105.000	0.000	0.000
12.1993	105.000	0.000	0.000

STUDIE : MODELL ZUR ANALYSE UND PROGNOSE D.MARKTANT. MR.X

#IND105

ZEITREIHE : PUNKTZAHL KOMFORT MOD.REIHE X

MM.JJJJ	ZEITREIHEN-WERTE	ABWEICHUNG ZUR VORPERIODE (ABS.)	ABWEICHUNG ZUR VORPERIODE (IN %)
6.1969	70.000		
12.1969	70.000	0.000	0.000
6.1970	70.000	0.000	0.000
12.1970	70.000	0.000	0.000
6.1971	70.000	0.000	0.000
12.1971	70.000	0.000	0.000
6.1972	70.000	0.000	0.000
12.1972	70.000	0.000	0.000
6.1973	75.000	5.000	7.143
12.1973	75.000	0.000	0.000
6.1974	75.000	0.000	0.000
12.1974	75.000	0.000	0.000
6.1975	75.000	0.000	0.000
12.1975	75.000	0.000	0.000
6.1976	75.000	0.000	0.000
12.1976	75.000	0.000	0.000
6.1977	80.000	5.000	6.667
12.1977	80.000	0.000	0.000
6.1978	80.000	0.000	0.000
12.1978	80.000	0.000	0.000
6.1979	80.000	0.000	0.000
12.1979	80.000	0.000	0.000
6.1980	80.000	0.000	0.000
12.1980	80.000	0.000	0.000
6.1981	80.000	0.000	0.000
12.1981	85.000	5.000	6.250
6.1982	85.000	0.000	0.000
12.1982	85.000	0.000	0.000
6.1983	85.000	0.000	0.000
12.1983	85.000	0.000	0.000
6.1984	85.000	0.000	0.000
12.1984	85.000	0.000	0.000
6.1985	85.000	0.000	0.000
12.1985	85.000	0.000	0.000
6.1986	85.000	0.000	0.000
12.1986	85.000	0.000	0.000
6.1987	85.000	0.000	0.000
12.1987	89.000	4.000	4.706
6.1988	89.000	0.000	0.000
12.1988	89.000	0.000	0.000
6.1989	89.000	0.000	0.000
12.1989	89.000	0.000	0.000

STUDIE : MODELL ZUR ANALYSE UND PROGNOSE D.MARKTANT. MR.X

#IND106

ZEITREIHE : PUNKTZAHL FAHREIGENSCHAFTEN MOD.REIHE X

MM.JJJJ	ZEITREIHEN-WERTE	ABWEICHUNG ZUR VORPERIODE (ABS.)	ABWEICHUNG ZUR VORPERIODE (IN %)
6.1969	75.000		
12.1969	75.000	0.000	0.000
6.1970	75.000	0.000	0.000
12.1970	75.000	0.000	0.000
6.1971	75.000	0.000	0.000
12.1971	75.000	0.000	0.000
6.1972	75.000	0.000	0.000
12.1972	75.000	0.000	0.000
6.1973	80.000	5.000	6.667
12.1973	80.000	0.000	0.000
6.1974	80.000	0.000	0.000
12.1974	80.000	0.000	0.000
6.1975	80.000	0.000	0.000
12.1975	80.000	0.000	0.000
6.1976	80.000	0.000	0.000
12.1976	80.000	0.000	0.000
6.1977	80.000	0.000	0.000
12.1977	80.000	0.000	0.000
6.1978	80.000	0.000	0.000
12.1978	80.000	0.000	0.000
6.1979	80.000	0.000	0.000
12.1979	80.000	0.000	0.000
6.1980	80.000	0.000	0.000
12.1980	80.000	0.000	0.000
6.1981	80.000	0.000	0.000
12.1981	82.000	2.000	2.500
6.1982	82.000	0.000	0.000
12.1982	82.000	0.000	0.000
6.1983	82.000	0.000	0.000
12.1983	82.000	0.000	0.000
6.1984	82.000	0.000	0.000
12.1984	82.000	0.000	0.000
6.1985	82.000	0.000	0.000
12.1985	82.000	0.000	0.000
6.1986	82.000	0.000	0.000
12.1986	82.000	0.000	0.000
6.1987	82.000	0.000	0.000
12.1987	86.000	4.000	4.878
6.1988	86.000	0.000	0.000
12.1988	86.000	0.000	0.000
6.1989	86.000	0.000	0.000
12.1989	86.000	0.000	0.000

STUDIE : MODELL ZUR ANALYSE UND PROGNOSE D.MARKTANT. MR.X

#IND201

ZEITREIHE : ALTER KONKURRENZMODELLREIHE 1

MM.JJJJ	ZEITREIHEN-WERTE	ABWEICHUNG ZUR VORPERIODE (ABS.)	ABWEICHUNG ZUR VORPERIODE (IN %)
6.1969	3.000		
12.1969	4.000	1.000	33.333
6.1970	5.000	1.000	25.000
12.1970	6.000	1.000	20.000
6.1971	7.000	1.000	16.667
12.1971	8.000	1.000	14.286
6.1972	9.000	1.000	12.500
12.1972	10.000	1.000	11.111
6.1973	11.000	1.000	10.000
12.1973	12.000	1.000	9.091
6.1974	13.000	1.000	8.333
12.1974	14.000	1.000	7.692
6.1975	15.000	1.000	7.143
12.1975	16.000	1.000	6.667
6.1976	1.000	-15.000	-93.750
12.1976	2.000	1.000	100.000
6.1977	3.000	1.000	50.000
12.1977	4.000	1.000	33.333
6.1978	5.000	1.000	25.000
12.1978	6.000	1.000	20.000
6.1979	7.000	1.000	16.667
12.1979	8.000	1.000	14.286
6.1980	9.000	1.000	12.500
12.1980	10.000	1.000	11.111
6.1981	11.000	1.000	10.000
12.1981	12.000	1.000	9.091
6.1982	13.000	1.000	8.333
12.1982	14.000	1.000	7.692
6.1983	15.000	1.000	7.143
12.1983	16.000	1.000	6.667
6.1984	17.000	1.000	6.250
12.1984	18.000	1.000	5.882
6.1985	15.500	-2.500	-13.889
12.1985	1.500	-14.000	-90.323
6.1986	2.500	1.000	66.667
12.1986	3.500	1.000	40.000
6.1987	4.500	1.000	28.571
12.1987	5.500	1.000	22.222
6.1988	6.500	1.000	18.182
12.1988	7.500	1.000	15.385
6.1989	8.500	1.000	13.333
12.1989	9.500	1.000	11.765
6.1990	10.000	0.500	5.263
12.1990	11.000	1.000	10.000
6.1991	12.000	1.000	9.091
12.1991	13.000	1.000	8.333
6.1992	14.000	1.000	7.692
12.1992	15.000	1.000	7.143
6.1993	16.000	1.000	6.667
12.1993	17.000	1.000	6.250
6.1994	18.000	1.000	5.882
12.1994	19.000	1.000	5.556

STUDIE : MODELL ZUR ANALYSE UND PROGNOSE D.MARKTANT. MR.X

#IND202

ZEITREIHE : PUNKTZAHL KAROS.U.AUSST. KONKUR.MODRH.1

MM.JJJJ	ZEITREIHEN-WERTE	ABWEICHUNG ZUR VORPERIODE (ABS.)	ABWEICHUNG ZUR VORPERIODE (IN %)
6.1969	81.000		
12.1969	81.000	0.000	0.000
6.1970	81.000	0.000	0.000
12.1970	81.000	0.000	0.000
6.1971	81.000	0.000	0.000
12.1971	81.000	0.000	0.000
6.1972	81.000	0.000	0.000
12.1972	81.000	0.000	0.000
6.1973	81.000	0.000	0.000
12.1973	81.000	0.000	0.000
6.1974	81.000	0.000	0.000
12.1974	81.000	0.000	0.000
6.1975	81.000	0.000	0.000
12.1975	81.000	0.000	0.000
6.1976	90.000	9.000	11.111
12.1976	90.000	0.000	0.000
6.1977	90.000	0.000	0.000
12.1977	90.000	0.000	0.000
6.1978	90.000	0.000	0.000
12.1978	90.000	0.000	0.000
6.1979	90.000	0.000	0.000
12.1979	90.000	0.000	0.000
6.1980	90.000	0.000	0.000
12.1980	90.000	0.000	0.000
6.1981	90.000	0.000	0.000
12.1981	90.000	0.000	0.000
6.1982	90.000	0.000	0.000
12.1982	90.000	0.000	0.000
6.1983	90.000	0.000	0.000
12.1983	90.000	0.000	0.000
6.1984	90.000	0.000	0.000
12.1984	90.000	0.000	0.000
6.1985	94.000	4.000	4.444
12.1985	94.000	0.000	0.000
6.1986	94.000	0.000	0.000
12.1986	94.000	0.000	0.000
6.1987	94.000	0.000	0.000
12.1987	94.000	0.000	0.000
6.1988	94.000	0.000	0.000
12.1988	94.000	0.000	0.000
6.1989	94.000	0.000	0.000
12.1989	94.000	0.000	0.000

STUDIE : MODELL ZUR ANALYSE UND PROGNOSE D.MARKTANT. MR.X

#IND203

ZEITREIHE : PUNKTZAHL HANDLICHKEITKONK.MODRH. 1

MM.JJJJ	ZEITREIHEN-WERTE	ABWEICHUNG ZUR VORPERIODE (ABS.)	ABWEICHUNG ZUR VORPERIODE (IN %)
6.1969	86.000		
12.1969	86.000	0.000	0.000
6.1970	86.000	0.000	0.000
12.1970	86.000	0.000	0.000
6.1971	86.000	0.000	0.000
12.1971	86.000	0.000	0.000
6.1972	86.000	0.000	0.000
12.1972	86.000	0.000	0.000
6.1973	86.000	0.000	0.000
12.1973	86.000	0.000	0.000
6.1974	86.000	0.000	0.000
12.1974	86.000	0.000	0.000
6.1975	86.000	0.000	0.000
12.1975	86.000	0.000	0.000
6.1976	92.000	6.000	6.977
12.1976	92.000	0.000	0.000
6.1977	92.000	0.000	0.000
12.1977	92.000	0.000	0.000
6.1978	92.000	0.000	0.000
12.1978	92.000	0.000	0.000
6.1979	92.000	0.000	0.000
12.1979	92.000	0.000	0.000
6.1980	92.000	0.000	0.000
12.1980	92.000	0.000	0.000
6.1981	92.000	0.000	0.000
12.1981	92.000	0.000	0.000
6.1982	92.000	0.000	0.000
12.1982	92.000	0.000	0.000
6.1983	92.000	0.000	0.000
12.1983	92.000	0.000	0.000
6.1984	92.000	0.000	0.000
12.1984	92.000	0.000	0.000
6.1985	92.000	0.000	0.000
12.1985	96.000	4.000	4.348
6.1986	96.000	0.000	0.000
12.1986	96.000	0.000	0.000
6.1987	96.000	0.000	0.000
12.1987	96.000	0.000	0.000
6.1988	96.000	0.000	0.000
12.1988	96.000	0.000	0.000
6.1989	96.000	0.000	0.000
12.1989	96.000	0.000	0.000

STUDIE : MODELL ZUR ANALYSE UND PROGNOSE D.MARKTANT. MR.X

#IND204

ZEITREIHE : PUNKTZAHL MOTOR U. FAHRLEISTMODRH.1

MM.JJJJ	ZEITREIHEN-WERTE	ABWEICHUNG ZUR VORPERIODE (ABS.)	ABWEICHUNG ZUR VORPERIODE (IN %)
6.1969	73.000		
12.1969	73.000	0.000	0.000
6.1970	73.000	0.000	0.000
12.1970	73.000	0.000	0.000
6.1971	73.000	0.000	0.000
12.1971	73.000	0.000	0.000
6.1972	73.000	0.000	0.000
12.1972	73.000	0.000	0.000
6.1973	73.000	0.000	0.000
12.1973	73.000	0.000	0.000
6.1974	73.000	0.000	0.000
12.1974	73.000	0.000	0.000
6.1975	73.000	0.000	0.000
12.1975	73.000	0.000	0.000
6.1976	73.000	0.000	0.000
12.1976	73.000	0.000	0.000
6.1977	73.000	0.000	0.000
12.1977	73.000	0.000	0.000
6.1978	73.000	0.000	0.000
12.1978	73.000	0.000	0.000
6.1979	73.000	0.000	0.000
12.1979	73.000	0.000	0.000
6.1980	73.000	0.000	0.000
12.1980	73.000	0.000	0.000
6.1981	73.000	0.000	0.000
12.1981	73.000	0.000	0.000
6.1982	73.000	0.000	0.000
12.1982	73.000	0.000	0.000
6.1983	73.000	0.000	0.000
12.1983	73.000	0.000	0.000
6.1984	73.000	0.000	0.000
12.1984	73.000	0.000	0.000
6.1985	73.000	0.000	0.000
12.1985	80.000	7.000	9.589
6.1986	80.000	0.000	0.000
12.1986	80.000	0.000	0.000
6.1987	80.000	0.000	0.000
12.1987	80.000	0.000	0.000
6.1988	80.000	0.000	0.000
12.1988	80.000	0.000	0.000
6.1989	80.000	0.000	0.000
12.1989	80.000	0.000	0.000

STUDIE : MODELL ZUR ANALYSE UND PROGNOSE D.MARKTANT. MR.X

#IND205

ZEITREIHE : PUNKTZAHL KOMFORTKONK.MODRH.1

MM.JJJJ	ZEITREIHEN-WERTE	ABWEICHUNG ZUR VORPERIODE (ABS.)	ABWEICHUNG ZUR VORPERIODE (IN %)
6.1969	84.000		
12.1969	84.000	0.000	0.000
6.1970	84.000	0.000	0.000
12.1970	84.000	0.000	0.000
6.1971	84.000	0.000	0.000
12.1971	84.000	0.000	0.000
6.1972	84.000	0.000	0.000
12.1972	84.000	0.000	0.000
6.1973	84.000	0.000	0.000
12.1973	84.000	0.000	0.000
6.1974	84.000	0.000	0.000
12.1974	84.000	0.000	0.000
6.1975	84.000	0.000	0.000
12.1975	84.000	0.000	0.000
6.1976	84.000	0.000	0.000
12.1976	84.000	0.000	0.000
6.1977	84.000	0.000	0.000
12.1977	84.000	0.000	0.000
6.1978	84.000	0.000	0.000
12.1978	84.000	0.000	0.000
6.1979	84.000	0.000	0.000
12.1979	84.000	0.000	0.000
6.1980	84.000	0.000	0.000
12.1980	84.000	0.000	0.000
6.1981	84.000	0.000	0.000
12.1981	84.000	0.000	0.000
6.1982	84.000	0.000	0.000
12.1982	84.000	0.000	0.000
6.1983	84.000	0.000	0.000
12.1983	84.000	0.000	0.000
6.1984	84.000	0.000	0.000
12.1984	84.000	0.000	0.000
6.1985	84.000	0.000	0.000
12.1985	84.000	0.000	0.000
6.1986	84.000	0.000	0.000
12.1986	84.000	0.000	0.000
6.1987	84.000	0.000	0.000
12.1987	84.000	0.000	0.000
6.1988	84.000	0.000	0.000
12.1988	84.000	0.000	0.000
6.1989	84.000	0.000	0.000
12.1989	84.000	0.000	0.000

STUDIE : MODELL ZUR ANALYSE UND PROGNOSE D.MARKTANT. MR.X

#IND206

ZEITREIHE : PUNKTZAHL FAHREIGENSCHAFTEN KONK.MODRH.1

MM.JJJJ	ZEITREIHEN-WERTE	ABWEICHUNG ZUR VORPERIODE (ABS.)	ABWEICHUNG ZUR VORPERIODE (IN %)
6.1969	82.000		
12.1969	82.000	0.000	0.000
6.1970	82.000	0.000	0.000
12.1970	82.000	0.000	0.000
6.1971	82.000	0.000	0.000
12.1971	82.000	0.000	0.000
6.1972	82.000	0.000	0.000
12.1972	82.000	0.000	0.000
6.1973	82.000	0.000	0.000
12.1973	82.000	0.000	0.000
6.1974	82.000	0.000	0.000
12.1974	82.000	0.000	0.000
6.1975	82.000	0.000	0.000
12.1975	82.000	0.000	0.000
6.1976	88.000	6.000	7.317
12.1976	88.000	0.000	0.000
6.1977	88.000	0.000	0.000
12.1977	88.000	0.000	0.000
6.1978	88.000	0.000	0.000
12.1978	88.000	0.000	0.000
6.1979	88.000	0.000	0.000
12.1979	88.000	0.000	0.000
6.1980	88.000	0.000	0.000
12.1980	88.000	0.000	0.000
6.1981	88.000	0.000	0.000
12.1981	88.000	0.000	0.000
6.1982	88.000	0.000	0.000
12.1982	88.000	0.000	0.000
6.1983	88.000	0.000	0.000
12.1983	88.000	0.000	0.000
6.1984	88.000	0.000	0.000
12.1984	88.000	0.000	0.000
6.1985	88.000	0.000	0.000
12.1985	90.000	2.000	2.273
6.1986	90.000	0.000	0.000
12.1986	90.000	0.000	0.000
6.1987	90.000	0.000	0.000
12.1987	90.000	0.000	0.000
6.1988	90.000	0.000	0.000
12.1988	90.000	0.000	0.000
6.1989	90.000	0.000	0.000
12.1989	90.000	0.000	0.000

STUDIE : MODELL ZUR ANALYSE UND PROGNOSE D.MARKTANT. MR.X

#IND301

ZEITREIHE : ALTER KONKURRENZMODELLREIHE 2

MM.JJJJ	ZEITREIHEN-WERTE	ABWEICHUNG ZUR VORPERIODE (ABS.)	ABWEICHUNG ZUR VORPERIODE (IN %)
6.1969	1.000		
12.1969	2.000	1.000	100.000
6.1970	3.000	1.000	50.000
12.1970	4.000	1.000	33.333
6.1971	5.000	1.000	25.000
12.1971	6.000	1.000	20.000
6.1972	7.000	1.000	16.667
12.1972	8.000	1.000	14.286
6.1973	9.000	1.000	12.500
12.1973	10.000	1.000	11.111
6.1974	11.000	1.000	10.000
12.1974	12.000	1.000	9.091
6.1975	13.000	1.000	8.333
12.1975	14.000	1.000	7.692
6.1976	15.000	1.000	7.143
12.1976	1.000	-14.000	-93.333
6.1977	2.000	1.000	100.000
12.1977	3.000	1.000	50.000
6.1978	4.000	1.000	33.333
12.1978	5.000	1.000	25.000
6.1979	6.000	1.000	20.000
12.1979	7.000	1.000	16.667
6.1980	8.000	1.000	14.286
12.1980	9.000	1.000	12.500
6.1981	10.000	1.000	11.111
12.1981	11.000	1.000	10.000
6.1982	12.000	1.000	9.091
12.1982	1.000	-11.000	-91.667
6.1983	2.000	1.000	100.000
12.1983	3.000	1.000	50.000
6.1984	4.000	1.000	33.333
12.1984	5.000	1.000	25.000
6.1985	6.000	1.000	20.000
12.1985	7.000	1.000	16.667
6.1986	8.000	1.000	14.286
12.1986	9.000	1.000	12.500
6.1987	10.000	1.000	11.111
12.1987	11.000	1.000	10.000
6.1988	12.000	1.000	9.091
12.1988	13.000	1.000	8.333
6.1989	14.000	1.000	7.692
12.1989	1.000	-13.000	-92.857
6.1990	2.000	1.000	100.000
12.1990	3.000	1.000	50.000
6.1991	4.000	1.000	33.333
12.1991	5.000	1.000	25.000
6.1992	6.000	1.000	20.000
12.1992	7.000	1.000	16.667
6.1993	8.000	1.000	14.286
12.1993	9.000	1.000	12.500

STUDIE : MODELL ZUR ANALYSE UND PROGNOSE D.MARKTANT. MR.X

#IND302

ZEITREIHE : PKTZ. KAR.U.AUSSTATTUNG KONK.MODRH.2

MM.JJJJ	ZEITREIHEN-WERTE	ABWEICHUNG ZUR VORPERIODE (ABS.)	ABWEICHUNG ZUR VORPERIODE (IN %)
6.1969	75.000		
12.1969	75.000	0.000	0.000
6.1970	75.000	0.000	0.000
12.1970	75.000	0.000	0.000
6.1971	75.000	0.000	0.000
12.1971	75.000	0.000	0.000
6.1972	75.000	0.000	0.000
12.1972	75.000	0.000	0.000
6.1973	75.000	0.000	0.000
12.1973	75.000	0.000	0.000
6.1974	75.000	0.000	0.000
12.1974	75.000	0.000	0.000
6.1975	75.000	0.000	0.000
12.1975	75.000	0.000	0.000
6.1976	75.000	0.000	0.000
12.1976	87.000	12.000	16.000
6.1977	87.000	0.000	0.000
12.1977	87.000	0.000	0.000
6.1978	87.000	0.000	0.000
12.1978	87.000	0.000	0.000
6.1979	87.000	0.000	0.000
12.1979	87.000	0.000	0.000
6.1980	87.000	0.000	0.000
12.1980	87.000	0.000	0.000
6.1981	87.000	0.000	0.000
12.1981	87.000	0.000	0.000
6.1982	87.000	0.000	0.000
12.1982	89.000	2.000	2.299
6.1983	89.000	0.000	0.000
12.1983	89.000	0.000	0.000
6.1984	89.000	0.000	0.000
12.1984	89.000	0.000	0.000
6.1985	89.000	0.000	0.000
12.1985	89.000	0.000	0.000
6.1986	89.000	0.000	0.000
12.1986	89.000	0.000	0.000
6.1987	89.000	0.000	0.000
12.1987	89.000	0.000	0.000
6.1988	89.000	0.000	0.000
12.1988	89.000	0.000	0.000
6.1989	89.000	0.000	0.000
12.1989	89.000	0.000	0.000

STUDIE : MODELL ZUR ANALYSE UND PROGNOSE D.MARKTANT. MR.X

#IND303

ZEITREIHE : PNKTZ. HANDLICHKEITKONK.MODRH.2

MM.JJJJ	ZEITREIHEN-WERTE	ABWEICHUNG ZUR VORPERIODE (ABS.)	ABWEICHUNG ZUR VORPERIODE (IN %)
6.1969	84.000		
12.1969	84.000	0.000	0.000
6.1970	84.000	0.000	0.000
12.1970	84.000	0.000	0.000
6.1971	84.000	0.000	0.000
12.1971	84.000	0.000	0.000
6.1972	84.000	0.000	0.000
12.1972	84.000	0.000	0.000
6.1973	84.000	0.000	0.000
12.1973	84.000	0.000	0.000
6.1974	84.000	0.000	0.000
12.1974	84.000	0.000	0.000
6.1975	84.000	0.000	0.000
12.1975	84.000	0.000	0.000
6.1976	84.000	0.000	0.000
12.1976	84.000	0.000	0.000
6.1977	84.000	0.000	0.000
12.1977	84.000	0.000	0.000
6.1978	84.000	0.000	0.000
12.1978	84.000	0.000	0.000
6.1979	84.000	0.000	0.000
12.1979	84.000	0.000	0.000
6.1980	84.000	0.000	0.000
12.1980	84.000	0.000	0.000
6.1981	84.000	0.000	0.000
12.1981	84.000	0.000	0.000
6.1982	84.000	0.000	0.000
12.1982	84.000	0.000	0.000
6.1983	84.000	0.000	0.000
12.1983	84.000	0.000	0.000
6.1984	84.000	0.000	0.000
12.1984	84.000	0.000	0.000
6.1985	84.000	0.000	0.000
12.1985	84.000	0.000	0.000
6.1986	84.000	0.000	0.000
12.1986	84.000	0.000	0.000
6.1987	84.000	0.000	0.000
12.1987	84.000	0.000	0.000
6.1988	84.000	0.000	0.000
12.1988	84.000	0.000	0.000
6.1989	84.000	0.000	0.000
12.1989	84.000	0.000	0.000

STUDIE : MODELL ZUR ANALYSE UND PROGNOSE D.MARKTANT. MR.X

#IND304

ZEITREIHE : PUNKTZ. MOTOR.U.FAHRLEIST.KONK.MODRH.2

MM.JJJJ	ZEITREIHEN-WERTE	ABWEICHUNG ZUR VORPERIODE (ABS.)	ABWEICHUNG ZUR VORPERIODE (IN %)
6.1969	71.000		
12.1969	71.000	0.000	0.000
6.1970	71.000	0.000	0.000
12.1970	71.000	0.000	0.000
6.1971	71.000	0.000	0.000
12.1971	71.000	0.000	0.000
6.1972	71.000	0.000	0.000
12.1972	71.000	0.000	0.000
6.1973	71.000	0.000	0.000
12.1973	71.000	0.000	0.000
6.1974	71.000	0.000	0.000
12.1974	71.000	0.000	0.000
6.1975	71.000	0.000	0.000
12.1975	71.000	0.000	0.000
6.1976	71.000	0.000	0.000
12.1976	74.000	3.000	4.225
6.1977	74.000	0.000	0.000
12.1977	74.000	0.000	0.000
6.1978	74.000	0.000	0.000
12.1978	74.000	0.000	0.000
6.1979	74.000	0.000	0.000
12.1979	74.000	0.000	0.000
6.1980	74.000	0.000	0.000
12.1980	74.000	0.000	0.000
6.1981	74.000	0.000	0.000
12.1981	74.000	0.000	0.000
6.1982	74.000	0.000	0.000
12.1982	81.000	7.000	9.459
6.1983	81.000	0.000	0.000
12.1983	81.000	0.000	0.000
6.1984	81.000	0.000	0.000
12.1984	81.000	0.000	0.000
6.1985	81.000	0.000	0.000
12.1985	81.000	0.000	0.000
6.1986	81.000	0.000	0.000
12.1986	81.000	0.000	0.000
6.1987	81.000	0.000	0.000
12.1987	81.000	0.000	0.000
6.1988	81.000	0.000	0.000
12.1988	81.000	0.000	0.000
6.1989	81.000	0.000	0.000
12.1989	81.000	0.000	0.000

STUDIE : MODELL ZUR ANALYSE UND PROGNOSE D.MARKTANT. MR.X

#IND305

ZEITREIHE : PUNKTZ.KOMFORT KONK.MODRH.2

MM.JJJJ	ZEITREIHEN-WERTE	ABWEICHUNG ZUR VORPERIODE (ABS.)	ABWEICHUNG ZUR VORPERIODE (IN %)
6.1969	70.000		
12.1969	70.000	0.000	0.000
6.1970	70.000	0.000	0.000
12.1970	70.000	0.000	0.000
6.1971	70.000	0.000	0.000
12.1971	70.000	0.000	0.000
6.1972	70.000	0.000	0.000
12.1972	70.000	0.000	0.000
6.1973	70.000	0.000	0.000
12.1973	70.000	0.000	0.000
6.1974	70.000	0.000	0.000
12.1974	70.000	0.000	0.000
6.1975	70.000	0.000	0.000
12.1975	70.000	0.000	0.000
6.1976	70.000	0.000	0.000
12.1976	78.000	8.000	11.429
6.1977	78.000	0.000	0.000
12.1977	78.000	0.000	0.000
6.1978	78.000	0.000	0.000
12.1978	78.000	0.000	0.000
6.1979	78.000	0.000	0.000
12.1979	78.000	0.000	0.000
6.1980	78.000	0.000	0.000
12.1980	78.000	0.000	0.000
6.1981	78.000	0.000	0.000
12.1981	78.000	0.000	0.000
6.1982	78.000	0.000	0.000
12.1982	78.000	0.000	0.000
6.1983	78.000	0.000	0.000
12.1983	78.000	0.000	0.000
6.1984	78.000	0.000	0.000
12.1984	78.000	0.000	0.000
6.1985	78.000	0.000	0.000
12.1985	78.000	0.000	0.000
6.1986	78.000	0.000	0.000
12.1986	78.000	0.000	0.000
6.1987	78.000	0.000	0.000
12.1987	78.000	0.000	0.000
6.1988	78.000	0.000	0.000
12.1988	78.000	0.000	0.000
6.1989	78.000	0.000	0.000
12.1989	78.000	0.000	0.000

STUDIE : MODELL ZUR ANALYSE UND PROGNOSE D.MARKTANT. MR.X

#IND306

ZEITREIHE : PUNKTZ. FAHREIGENSCH.KONK.MODRH.2

MM.JJJJ	ZEITREIHEN-WERTE	ABWEICHUNG ZUR VORPERIODE (ABS.)	ABWEICHUNG ZUR VORPERIODE (IN %)
6.1969	88.000		
12.1969	88.000	0.000	0.000
6.1970	88.000	0.000	0.000
12.1970	88.000	0.000	0.000
6.1971	88.000	0.000	0.000
12.1971	88.000	0.000	0.000
6.1972	88.000	0.000	0.000
12.1972	88.000	0.000	0.000
6.1973	88.000	0.000	0.000
12.1973	88.000	0.000	0.000
6.1974	88.000	0.000	0.000
12.1974	88.000	0.000	0.000
6.1975	88.000	0.000	0.000
12.1975	88.000	0.000	0.000
6.1976	88.000	0.000	0.000
12.1976	94.000	6.000	6.818
6.1977	94.000	0.000	0.000
12.1977	94.000	0.000	0.000
6.1978	94.000	0.000	0.000
12.1978	94.000	0.000	0.000
6.1979	94.000	0.000	0.000
12.1979	94.000	0.000	0.000
6.1980	94.000	0.000	0.000
12.1980	94.000	0.000	0.000
6.1981	94.000	0.000	0.000
12.1981	94.000	0.000	0.000
6.1982	94.000	0.000	0.000
12.1982	96.000	2.000	2.128
6.1983	96.000	0.000	0.000
12.1983	96.000	0.000	0.000
6.1984	96.000	0.000	0.000
12.1984	96.000	0.000	0.000
6.1985	96.000	0.000	0.000
12.1985	96.000	0.000	0.000
6.1986	96.000	0.000	0.000
12.1986	96.000	0.000	0.000
6.1987	96.000	0.000	0.000
12.1987	96.000	0.000	0.000
6.1988	96.000	0.000	0.000
12.1988	96.000	0.000	0.000
6.1989	96.000	0.000	0.000
12.1989	96.000	0.000	0.000

STUDIE : MODELL ZUR ANALYSE UND PROGNOSE D.MARKTANT. MR.X

#IND401

ZEITREIHE : ALTER KONKURRENZMODELLREIHE 3

MM.JJJJ	ZEITREIHEN-WERTE	ABWEICHUNG ZUR VORPERIODE (ABS.)	ABWEICHUNG ZUR VORPERIODE (IN %)
6.1969	10.000		
12.1969	11.000	1.000	10.000
6.1970	12.000	1.000	9.091
12.1970	13.000	1.000	8.333
6.1971	14.000	1.000	7.692
12.1971	15.000	1.000	7.143
6.1972	16.000	1.000	6.667
12.1972	1.000	-15.000	-93.750
6.1973	2.000	1.000	100.000
12.1973	3.000	1.000	50.000
6.1974	4.000	1.000	33.333
12.1974	5.000	1.000	25.000
6.1975	6.000	1.000	20.000
12.1975	7.000	1.000	16.667
6.1976	8.000	1.000	14.286
12.1976	9.000	1.000	12.500
6.1977	10.000	1.000	11.111
12.1977	1.000	-9.000	-90.000
6.1978	2.000	1.000	100.000
12.1978	3.000	1.000	50.000
6.1979	4.000	1.000	33.333
12.1979	5.000	1.000	25.000
6.1980	6.000	1.000	20.000
12.1980	7.000	1.000	16.667
6.1981	8.000	1.000	14.286
12.1981	9.000	1.000	12.500
6.1982	10.000	1.000	11.111
12.1982	11.000	1.000	10.000
6.1983	12.000	1.000	9.091
12.1983	13.000	1.000	8.333
6.1984	14.000	1.000	7.692
12.1984	15.000	1.000	7.143
6.1985	16.000	1.000	6.667
12.1985	1.000	-15.000	-93.750
6.1986	2.000	1.000	100.000
12.1986	3.000	1.000	50.000
6.1987	4.000	1.000	33.333
12.1987	5.000	1.000	25.000
6.1988	6.000	1.000	20.000
12.1988	7.000	1.000	16.667
6.1989	8.000	1.000	14.286
12.1989	9.000	1.000	12.500

STUDIE : MODELL ZUR ANALYSE UND PROGNOSE D.MARKTANT. MR.X

#IND402

ZEITREIHE . : PUNKTZ. KAR. U.AUSSTATT.KONK.MODRH.3

MM.JJJJ	ZEITREIHEN-WERTE	ABWEICHUNG ZUR VORPERIODE (ABS.)	ABWEICHUNG ZUR VORPERIODE (IN %)
6.1969	76.000		
12.1969	76.000	0.000	0.000
6.1970	76.000	0.000	0.000
12.1970	76.000	0.000	0.000
6.1971	76.000	0.000	0.000
12.1971	76.000	0.000	0.000
6.1972	76.000	0.000	0.000
12.1972	81.000	5.000	6.579
6.1973	81.000	0.000	0.000
12.1973	81.000	0.000	0.000
6.1974	81.000	0.000	0.000
12.1974	81.000	0.000	0.000
6.1975	81.000	0.000	0.000
12.1975	81.000	0.000	0.000
6.1976	81.000	0.000	0.000
12.1976	81.000	0.000	0.000
6.1977	81.000	0.000	0.000
12.1977	84.000	3.000	3.704
6.1978	84.000	0.000	0.000
12.1978	84.000	0.000	0.000
6.1979	84.000	0.000	0.000
12.1979	84.000	0.000	0.000
6.1980	84.000	0.000	0.000
12.1980	84.000	0.000	0.000
6.1981	84.000	0.000	0.000
12.1981	84.000	0.000	0.000
6.1982	84.000	0.000	0.000
12.1982	84.000	0.000	0.000
6.1983	84.000	0.000	0.000
12.1983	84.000	0.000	0.000
6.1984	84.000	0.000	0.000
12.1984	84.000	0.000	0.000
6.1985	84.000	0.000	0.000
12.1985	86.000	2.000	2.381
6.1986	86.000	0.000	0.000
12.1986	86.000	0.000	0.000
6.1987	86.000	0.000	0.000
12.1987	86.000	0.000	0.000
6.1988	86.000	0.000	0.000
12.1988	86.000	0.000	0.000
6.1989	86.000	0.000	0.000
12.1989	86.000	0.000	0.000

STUDIE : MODELL ZUR ANALYSE UND PROGNOSE D.MARKTANT. MR.X

#IND403

ZEITREIHE : PUNKTZ. HANDLICHK.KONK.MODRH.3

MM.JJJJ	ZEITREIHEN-WERTE	ABWEICHUNG ZUR VORPERIODE (ABS.)	ABWEICHUNG ZUR VORPERIODE (IN %)
6.1969	70.000		
12.1969	70.000	0.000	0.000
6.1970	70.000	0.000	0.000
12.1970	70.000	0.000	0.000
6.1971	70.000	0.000	0.000
12.1971	70.000	0.000	0.000
6.1972	70.000	0.000	0.000
12.1972	74.000	4.000	5.714
6.1973	74.000	0.000	0.000
12.1973	74.000	0.000	0.000
6.1974	74.000	0.000	0.000
12.1974	74.000	0.000	0.000
6.1975	74.000	0.000	0.000
12.1975	74.000	0.000	0.000
6.1976	74.000	0.000	0.000
12.1976	74.000	0.000	0.000
6.1977	74.000	0.000	0.000
12.1977	78.000	4.000	5.405
6.1978	78.000	0.000	0.000
12.1978	78.000	0.000	0.000
6.1979	78.000	0.000	0.000
12.1979	78.000	0.000	0.000
6.1980	78.000	0.000	0.000
12.1980	78.000	0.000	0.000
6.1981	78.000	0.000	0.000
12.1981	78.000	0.000	0.000
6.1982	78.000	0.000	0.000
12.1982	78.000	0.000	0.000
6.1983	78.000	0.000	0.000
12.1983	78.000	0.000	0.000
6.1984	78.000	0.000	0.000
12.1984	78.000	0.000	0.000
6.1985	78.000	0.000	0.000
12.1985	79.000	1.000	1.282
6.1986	79.000	0.000	0.000
12.1986	79.000	0.000	0.000
6.1987	79.000	0.000	0.000
12.1987	79.000	0.000	0.000
6.1988	79.000	0.000	0.000
12.1988	79.000	0.000	0.000
6.1989	79.000	0.000	0.000
12.1989	79.000	0.000	0.000

STUDIE : MODELL ZUR ANALYSE UND PROGNOSE D.MARKTANT. MR.X

#IND404

ZEITREIHE : PUNKTZ. MOTOR U.FAHRLEIST.KONK.MODRH.3

MM.JJJJ	ZEITREIHEN-WERTE	ABWEICHUNG ZUR VORPERIODE (ABS.)	ABWEICHUNG ZUR VORPERIODE (IN %)
6.1969	68.000		
12.1969	68.000	0.000	0.000
6.1970	68.000	0.000	0.000
12.1970	68.000	0.000	0.000
6.1971	68.000	0.000	0.000
12.1971	68.000	0.000	0.000
6.1972	68.000	0.000	0.000
12.1972	72.000	4.000	5.882
6.1973	72.000	0.000	0.000
12.1973	72.000	0.000	0.000
6.1974	72.000	0.000	0.000
12.1974	72.000	0.000	0.000
6.1975	72.000	0.000	0.000
12.1975	72.000	0.000	0.000
6.1976	72.000	0.000	0.000
12.1976	72.000	0.000	0.000
6.1977	72.000	0.000	0.000
12.1977	76.000	4.000	5.556
6.1978	76.000	0.000	0.000
12.1978	76.000	0.000	0.000
6.1979	76.000	0.000	0.000
12.1979	76.000	0.000	0.000
6.1980	76.000	0.000	0.000
12.1980	76.000	0.000	0.000
6.1981	76.000	0.000	0.000
12.1981	76.000	0.000	0.000
6.1982	76.000	0.000	0.000
12.1982	76.000	0.000	0.000
6.1983	76.000	0.000	0.000
12.1983	76.000	0.000	0.000
6.1984	76.000	0.000	0.000
12.1984	76.000	0.000	0.000
6.1985	76.000	0.000	0.000
12.1985	79.000	3.000	3.947
6.1986	79.000	0.000	0.000
12.1986	79.000	0.000	0.000
6.1987	79.000	0.000	0.000
12.1987	79.000	0.000	0.000
6.1988	79.000	0.000	0.000
12.1988	79.000	0.000	0.000
6.1989	79.000	0.000	0.000
12.1989	79.000	0.000	0.000

STUDIE : MODELL ZUR ANALYSE UND PROGNOSE D.MARKTANT. MR.X

#IND405

ZEITREIHE : PUNKTZ. KOMFORT KONK.MODRH. 3

MM.JJJJ	ZEITREIHEN-WERTE	ABWEICHUNG ZUR VORPERIODE (ABS.)	ABWEICHUNG ZUR VORPERIODE (IN %)
6.1969	80.000		
12.1969	80.000	0.000	0.000
6.1970	80.000	0.000	0.000
12.1970	80.000	0.000	0.000
6.1971	80.000	0.000	0.000
12.1971	80.000	0.000	0.000
6.1972	80.000	0.000	0.000
12.1972	86.000	6.000	7.500
6.1973	86.000	0.000	0.000
12.1973	86.000	0.000	0.000
6.1974	86.000	0.000	0.000
12.1974	86.000	0.000	0.000
6.1975	86.000	0.000	0.000
12.1975	86.000	0.000	0.000
6.1976	86.000	0.000	0.000
12.1976	86.000	0.000	0.000
6.1977	86.000	0.000	0.000
12.1977	90.000	4.000	4.651
6.1978	90.000	0.000	0.000
12.1978	90.000	0.000	0.000
6.1979	90.000	0.000	0.000
12.1979	90.000	0.000	0.000
6.1980	90.000	0.000	0.000
12.1980	90.000	0.000	0.000
6.1981	90.000	0.000	0.000
12.1981	90.000	0.000	0.000
6.1982	90.000	0.000	0.000
12.1982	90.000	0.000	0.000
6.1983	90.000	0.000	0.000
12.1983	90.000	0.000	0.000
6.1984	90.000	0.000	0.000
12.1984	90.000	0.000	0.000
6.1985	90.000	0.000	0.000
12.1985	90.000	0.000	0.000
6.1986	90.000	0.000	0.000
12.1986	90.000	0.000	0.000
6.1987	90.000	0.000	0.000
12.1987	90.000	0.000	0.000
6.1988	90.000	0.000	0.000
12.1988	90.000	0.000	0.000
6.1989	90.000	0.000	0.000
12.1989	90.000	0.000	0.000

STUDIE : MODELL ZUR ANALYSE UND PROGNOSE D.MARKTANT. MR.X

#IND406

ZEITREIHE : PUNKTZ.FAHREIGENSCH.KONK.MODRH.3

MM.JJJJ	ZEITREIHEN-WERTE	ABWEICHUNG ZUR VORPERIODE (ABS.)	ABWEICHUNG ZUR VORPERIODE (IN %)
6.1969	70.000		
12.1969	70.000	0.000	0.000
6.1970	70.000	0.000	0.000
12.1970	70.000	0.000	0.000
6.1971	70.000	0.000	0.000
12.1971	70.000	0.000	0.000
6.1972	70.000	0.000	0.000
12.1972	73.000	3.000	4.286
6.1973	73.000	0.000	0.000
12.1973	73.000	0.000	0.000
6.1974	73.000	0.000	0.000
12.1974	73.000	0.000	0.000
6.1975	73.000	0.000	0.000
12.1975	73.000	0.000	0.000
6.1976	73.000	0.000	0.000
12.1976	73.000	0.000	0.000
6.1977	73.000	0.000	0.000
12.1977	78.000	5.000	6.849
6.1978	78.000	0.000	0.000
12.1978	78.000	0.000	0.000
6.1979	78.000	0.000	0.000
12.1979	78.000	0.000	0.000
6.1980	78.000	0.000	0.000
12.1980	78.000	0.000	0.000
6.1981	78.000	0.000	0.000
12.1981	78.000	0.000	0.000
6.1982	78.000	0.000	0.000
12.1982	78.000	0.000	0.000
6.1983	78.000	0.000	0.000
12.1983	78.000	0.000	0.000
6.1984	78.000	0.000	0.000
12.1984	78.000	0.000	0.000
6.1985	78.000	0.000	0.000
12.1985	79.000	1.000	1.282
6.1986	79.000	0.000	0.000
12.1986	79.000	0.000	0.000
6.1987	79.000	0.000	0.000
12.1987	79.000	0.000	0.000
6.1988	79.000	0.000	0.000
12.1988	79.000	0.000	0.000
6.1989	79.000	0.000	0.000
12.1989	79.000	0.000	0.000

STUDIE : MODELL ZUR ANALYSE UND PROGNOSE D.MARKTANT. MR.X

#IND501

ZEITREIHE : ALTER KONKURRENZMODELLREIHE 4

MM.JJJJ	ZEITREIHEN-WERTE	ABWEICHUNG ZUR VORPERIODE (ABS.)	ABWEICHUNG ZUR VORPERIODE (IN %)
6.1969	11.000		
12.1969	12.000	1.000	9.091
6.1970	13.000	1.000	8.333
12.1970	14.000	1.000	7.692
6.1971	15.000	1.000	7.143
12.1971	16.000	1.000	6.667
6.1972	1.000	-15.000	-93.750
12.1972	2.000	1.000	100.000
6.1973	3.000	1.000	50.000
12.1973	4.000	1.000	33.333
6.1974	5.000	1.000	25.000
12.1974	6.000	1.000	20.000
6.1975	7.000	1.000	16.667
12.1975	8.000	1.000	14.286
6.1976	9.000	1.000	12.500
12.1976	10.000	1.000	11.111
6.1977	11.000	1.000	10.000
12.1977	1.000	-10.000	-90.909
6.1978	2.000	1.000	100.000
12.1978	3.000	1.000	50.000
6.1979	4.000	1.000	33.333
12.1979	5.000	1.000	25.000
6.1980	6.000	1.000	20.000
12.1980	7.000	1.000	16.667
6.1981	8.000	1.000	14.286
12.1981	9.000	1.000	12.500
6.1982	10.000	1.000	11.111
12.1982	1.000	-9.000	-90.000
6.1983	2.000	1.000	100.000
12.1983	3.000	1.000	50.000
6.1984	4.000	1.000	33.333
12.1984	5.000	1.000	25.000
6.1985	6.000	1.000	20.000
12.1985	7.000	1.000	16.667
6.1986	8.000	1.000	14.286
12.1986	9.000	1.000	12.500
6.1987	1.000	-8.000	-88.889
12.1987	2.000	1.000	100.000
6.1988	3.000	1.000	50.000
12.1988	4.000	1.000	33.333
6.1989	5.000	1.000	25.000
12.1989	6.000	1.000	20.000

STUDIE : MODELL ZUR ANALYSE UND PROGNOSE D.MARKTANT. MR.X

#IND502

ZEITREIHE : PUNKTZ.KAR.U.AUSST.KONK.MODRH.4

MM.JJJJ	ZEITREIHEN-WERTE	ABWEICHUNG ZUR VORPERIODE (ABS.)	ABWEICHUNG ZUR VORPERIODE (IN %)
6.1969	67.000		
12.1969	67.000	0.000	0.000
6.1970	67.000	0.000	0.000
12.1970	67.000	0.000	0.000
6.1971	67.000	0.000	0.000
12.1971	67.000	0.000	0.000
6.1972	71.000	4.000	5.970
12.1972	71.000	0.000	0.000
6.1973	71.000	0.000	0.000
12.1973	71.000	0.000	0.000
6.1974	71.000	0.000	0.000
12.1974	71.000	0.000	0.000
6.1975	71.000	0.000	0.000
12.1975	71.000	0.000	0.000
6.1976	71.000	0.000	0.000
12.1976	71.000	0.000	0.000
6.1977	71.000	0.000	0.000
12.1977	73.000	2.000	2.817
6.1978	73.000	0.000	0.000
12.1978	73.000	0.000	0.000
6.1979	73.000	0.000	0.000
12.1979	73.000	0.000	0.000
6.1980	73.000	0.000	0.000
12.1980	73.000	0.000	0.000
6.1981	73.000	0.000	0.000
12.1981	73.000	0.000	0.000
6.1982	73.000	0.000	0.000
12.1982	75.000	2.000	2.740
6.1983	75.000	0.000	0.000
12.1983	75.000	0.000	0.000
6.1984	75.000	0.000	0.000
12.1984	75.000	0.000	0.000
6.1985	75.000	0.000	0.000
12.1985	75.000	0.000	0.000
6.1986	75.000	0.000	0.000
12.1986	75.000	0.000	0.000
6.1987	78.000	3.000	4.000
12.1987	78.000	0.000	0.000
6.1988	78.000	0.000	0.000
12.1988	78.000	0.000	0.000
6.1989	78.000	0.000	0.000
12.1989	78.000	0.000	0.000

STUDIE : MODELL ZUR ANALYSE UND PROGNOSE D.MARKTANT. MR.X

#IND503

ZEITREIHE : PUNKTZ.HANDLICHKEIT KONK.MODRH. 4

MM.JJJJ	ZEITREIHEN-WERTE	ABWEICHUNG ZUR VORPERIODE (ABS.)	ABWEICHUNG ZUR VORPERIODE (IN %)
6.1969	76.000		
12.1969	76.000	0.000	0.000
6.1970	76.000	0.000	0.000
12.1970	76.000	0.000	0.000
6.1971	76.000	0.000	0.000
12.1971	76.000	0.000	0.000
6.1972	80.000	4.000	5.263
12.1972	80.000	0.000	0.000
6.1973	80.000	0.000	0.000
12.1973	80.000	0.000	0.000
6.1974	80.000	0.000	0.000
12.1974	80.000	0.000	0.000
6.1975	80.000	0.000	0.000
12.1975	80.000	0.000	0.000
6.1976	80.000	0.000	0.000
12.1976	80.000	0.000	0.000
6.1977	80.000	0.000	0.000
12.1977	84.000	4.000	5.000
6.1978	84.000	0.000	0.000
12.1978	84.000	0.000	0.000
6.1979	84.000	0.000	0.000
12.1979	84.000	0.000	0.000
6.1980	84.000	0.000	0.000
12.1980	84.000	0.000	0.000
6.1981	84.000	0.000	0.000
12.1981	84.000	0.000	0.000
6.1982	84.000	0.000	0.000
12.1982	86.000	2.000	2.381
6.1983	86.000	0.000	0.000
12.1983	86.000	0.000	0.000
6.1984	86.000	0.000	0.000
12.1984	86.000	0.000	0.000
6.1985	86.000	0.000	0.000
12.1985	86.000	0.000	0.000
6.1986	86.000	0.000	0.000
12.1986	86.000	0.000	0.000
6.1987	88.000	2.000	2.326
12.1987	88.000	0.000	0.000
6.1988	88.000	0.000	0.000
12.1988	88.000	0.000	0.000
6.1989	88.000	0.000	0.000
12.1989	88.000	0.000	0.000

STUDIE : MODELL ZUR ANALYSE UND PROGNOSE D.MARKTANT. MR.X

#IND504

ZEITREIHE : PUNKTZ.MOTOR U. FAHRL.KONK.MODRH.4

MM.JJJJ	ZEITREIHEN-WERTE	ABWEICHUNG ZUR VORPERIODE (ABS.)	ABWEICHUNG ZUR VORPERIODE (IN %)
6.1969	67.000		
12.1969	67.000	0.000	0.000
6.1970	67.000	0.000	0.000
12.1970	67.000	0.000	0.000
6.1971	67.000	0.000	0.000
12.1971	67.000	0.000	0.000
6.1972	70.000	3.000	4.478
12.1972	70.000	0.000	0.000
6.1973	70.000	0.000	0.000
12.1973	70.000	0.000	0.000
6.1974	70.000	0.000	0.000
12.1974	70.000	0.000	0.000
6.1975	70.000	0.000	0.000
12.1975	70.000	0.000	0.000
6.1976	70.000	0.000	0.000
12.1976	70.000	0.000	0.000
6.1977	70.000	0.000	0.000
12.1977	74.000	4.000	5.714
6.1978	74.000	0.000	0.000
12.1978	74.000	0.000	0.000
6.1979	74.000	0.000	0.000
12.1979	74.000	0.000	0.000
6.1980	74.000	0.000	0.000
12.1980	74.000	0.000	0.000
6.1981	74.000	0.000	0.000
12.1981	74.000	0.000	0.000
6.1982	74.000	0.000	0.000
12.1982	75.000	1.000	1.351
6.1983	75.000	0.000	0.000
12.1983	75.000	0.000	0.000
6.1984	75.000	0.000	0.000
12.1984	75.000	0.000	0.000
6.1985	75.000	0.000	0.000
12.1985	75.000	0.000	0.000
6.1986	75.000	0.000	0.000
12.1986	75.000	0.000	0.000
6.1987	77.000	2.000	2.667
12.1987	77.000	0.000	0.000
6.1988	77.000	0.000	0.000
12.1988	77.000	0.000	0.000
6.1989	77.000	0.000	0.000
12.1989	77.000	0.000	0.000

STUDIE : MODELL ZUR ANALYSE UND PROGNOSE D.MARKTANT. MR.X

#IND505

ZEITREIHE : PUNKTZAHL KOMFORTKONK.MODRH.4

MM.JJJJ	ZEITREIHEN-WERTE	ABWEICHUNG ZUR VORPERIODE (ABS.)	ABWEICHUNG ZUR VORPERIODE (IN %)
6.1969	67.000		
12.1969	67.000	0.000	0.000
6.1970	67.000	0.000	0.000
12.1970	67.000	0.000	0.000
6.1971	67.000	0.000	0.000
12.1971	67.000	0.000	0.000
6.1972	70.000	3.000	4.478
12.1972	70.000	0.000	0.000
6.1973	70.000	0.000	0.000
12.1973	70.000	0.000	0.000
6.1974	70.000	0.000	0.000
12.1974	70.000	0.000	0.000
6.1975	70.000	0.000	0.000
12.1975	70.000	0.000	0.000
6.1976	70.000	0.000	0.000
12.1976	70.000	0.000	0.000
6.1977	70.000	0.000	0.000
12.1977	72.000	2.000	2.857
6.1978	72.000	0.000	0.000
12.1978	72.000	0.000	0.000
6.1979	72.000	0.000	0.000
12.1979	72.000	0.000	0.000
6.1980	72.000	0.000	0.000
12.1980	72.000	0.000	0.000
6.1981	72.000	0.000	0.000
12.1981	72.000	0.000	0.000
6.1982	72.000	0.000	0.000
12.1982	73.000	1.000	1.389
6.1983	73.000	0.000	0.000
12.1983	73.000	0.000	0.000
6.1984	73.000	0.000	0.000
12.1984	73.000	0.000	0.000
6.1985	73.000	0.000	0.000
12.1985	73.000	0.000	0.000
6.1986	73.000	0.000	0.000
12.1986	73.000	0.000	0.000
6.1987	73.000	0.000	0.000
12.1987	75.000	2.000	2.740
6.1988	75.000	0.000	0.000
12.1988	75.000	0.000	0.000
6.1989	75.000	0.000	0.000
12.1989	75.000	0.000	0.000

STUDIE : MODELL ZUR ANALYSE UND PROGNOSE D.MARKTANT. MR.X

#IND506

ZEITREIHE : PUNKTZAHL FAHREIGENSCH.KONK.MODRH.4

MM.JJJJ	ZEITREIHEN-WERTE	ABWEICHUNG ZUR VORPERIODE (ABS.)	ABWEICHUNG ZUR VORPERIODE (IN %)
6.1969	65.000		
12.1969	65.000	0.000	0.000
6.1970	65.000	0.000	0.000
12.1970	65.000	0.000	0.000
6.1971	65.000	0.000	0.000
12.1971	65.000	0.000	0.000
6.1972	68.000	3.000	4.615
12.1972	68.000	0.000	0.000
6.1973	68.000	0.000	0.000
12.1973	68.000	0.000	0.000
6.1974	68.000	0.000	0.000
12.1974	68.000	0.000	0.000
6.1975	68.000	0.000	0.000
12.1975	68.000	0.000	0.000
6.1976	68.000	0.000	0.000
12.1976	68.000	0.000	0.000
6.1977	68.000	0.000	0.000
12.1977	71.000	3.000	4.412
6.1978	71.000	0.000	0.000
12.1978	71.000	0.000	0.000
6.1979	71.000	0.000	0.000
12.1979	71.000	0.000	0.000
6.1980	71.000	0.000	0.000
12.1980	71.000	0.000	0.000
6.1981	71.000	0.000	0.000
12.1981	71.000	0.000	0.000
6.1982	71.000	0.000	0.000
12.1982	74.000	3.000	4.225
6.1983	74.000	0.000	0.000
12.1983	74.000	0.000	0.000
6.1984	74.000	0.000	0.000
12.1984	74.000	0.000	0.000
6.1985	74.000	0.000	0.000
12.1985	74.000	0.000	0.000
6.1986	74.000	0.000	0.000
12.1986	74.000	0.000	0.000
6.1987	78.000	4.000	5.405
12.1987	78.000	0.000	0.000
6.1988	78.000	0.000	0.000
12.1988	78.000	0.000	0.000
6.1989	78.000	0.000	0.000
12.1989	78.000	0.000	0.000

STUDIE : MODELL ZUR ANALYSE UND PROGNOSE D.MARKTANT. MR.X

#IND601

ZEITREIHE " : ALTER KONKURRENZMODELLREIHE 5

MM.JJJJ	ZEITREIHEN-WERTE	ABWEICHUNG ZUR VORPERIODE (ABS.)	ABWEICHUNG ZUR VORPERIODE (IN %)
6.1969	17.000		
12.1969	17.000	0.000	0.000
6.1970	17.000	0.000	0.000
12.1970	17.000	0.000	0.000
6.1971	17.000	0.000	0.000
12.1971	17.000	0.000	0.000
6.1972	17.000	0.000	0.000
12.1972	17.000	0.000	0.000
6.1973	17.000	0.000	0.000
12.1973	17.000	0.000	0.000
6.1974	17.000	0.000	0.000
12.1974	17.000	0.000	0.000
6.1975	17.000	0.000	0.000
12.1975	17.000	0.000	0.000
6.1976	17.000	0.000	0.000
12.1976	17.000	0.000	0.000
6.1977	17.000	0.000	0.000
12.1977	17.000	0.000	0.000
6.1978	17.000	0.000	0.000
12.1978	17.000	0.000	0.000
6.1979	17.000	0.000	0.000
12.1979	1.000	-16.000	-94.118
6.1980	2.000	1.000	100.000
12.1980	3.000	1.000	50.000
6.1981	4.000	1.000	33.333
12.1981	5.000	1.000	25.000
6.1982	6.000	1.000	20.000
12.1982	7.000	1.000	16.667
6.1983	8.000	1.000	14.286
12.1983	9.000	1.000	12.500
6.1984	10.000	1.000	11.111
12.1984	11.000	1.000	10.000
6.1985	12.000	1.000	9.091
12.1985	13.000	1.000	8.333
6.1986	14.000	1.000	7.692
12.1986	15.000	1.000	7.143
6.1987	16.000	1.000	6.667
12.1987	1.000	-15.000	-93.750
6.1988	2.000	1.000	100.000
12.1988	3.000	1.000	50.000
6.1989	4.000	1.000	33.333
12.1989	5.000	1.000	25.000

STUDIE : MODELL ZUR ANALYSE UND PROGNOSE D.MARKTANT. MR.X

#IND602

ZEITREIHE : PUNKTZ. KAR.U.AUSST.KONK.MOD.RH.5

MM.JJJJ	ZEITREIHEN-WERTE	ABWEICHUNG ZUR VORPERIODE (ABS.)	ABWEICHUNG ZUR VORPERIODE (IN %)
6.1969	0.000		
12.1969	0.000	0.000	*************
6.1970	0.000	0.000	*************
12.1970	0.000	0.000	*************
6.1971	0.000	0.000	*************
12.1971	0.000	0.000	*************
6.1972	0.000	0.000	*************
12.1972	0.000	0.000	*************
6.1973	0.000	0.000	*************
12.1973	0.000	0.000	*************
6.1974	0.000	0.000	*************
12.1974	0.000	0.000	*************
6.1975	0.000	0.000	*************
12.1975	0.000	0.000	*************
6.1976	0.000	0.000	*************
12.1976	0.000	0.000	*************
6.1977	0.000	0.000	*************
12.1977	0.000	0.000	*************
6.1978	0.000	0.000	*************
12.1978	0.000	0.000	*************
6.1979	0.000	0.000	*************
12.1979	81.000	81.000	*************
6.1980	81.000	0.000	0.000
12.1980	81.000	0.000	0.000
6.1981	81.000	0.000	0.000
12.1981	81.000	0.000	0.000
6.1982	81.000	0.000	0.000
12.1982	81.000	0.000	0.000
6.1983	81.000	0.000	0.000
12.1983	81.000	0.000	0.000
6.1984	81.000	0.000	0.000
12.1984	81.000	0.000	0.000
6.1985	81.000	0.000	0.000
12.1985	81.000	0.000	0.000
6.1986	81.000	0.000	0.000
12.1986	81.000	0.000	0.000
6.1987	81.000	0.000	0.000
12.1987	84.000	3.000	3.704
6.1988	84.000	0.000	0.000
12.1988	84.000	0.000	0.000
6.1989	84.000	0.000	0.000
12.1989	84.000	0.000	0.000

STUDIE : MODELL ZUR ANALYSE UND PROGNOSE D.MARKTANT. MR.X

#IND603

ZEITREIHE : PUNKTZAHL HANDLICHKEITKONK.MODRH.5

MM.JJJJ	ZEITREIHEN-WERTE	ABWEICHUNG ZUR VORPERIODE (ABS.)	ABWEICHUNG ZUR VORPERIODE (IN %)
6.1969	0.000		
12.1969	0.000	0.000	**************
6.1970	0.000	0.000	**************
12.1970	0.000	0.000	**************
6.1971	0.000	0.000	**************
12.1971	0.000	0.000	**************
6.1972	0.000	0.000	**************
12.1972	0.000	0.000	**************
6.1973	0.000	0.000	**************
12.1973	0.000	0.000	**************
6.1974	0.000	0.000	**************
12.1974	0.000	0.000	**************
6.1975	0.000	0.000	**************
12.1975	0.000	0.000	**************
6.1976	0.000	0.000	**************
12.1976	0.000	0.000	**************
6.1977	0.000	0.000	**************
12.1977	0.000	0.000	**************
6.1978	0.000	0.000	**************
12.1978	0.000	0.000	**************
6.1979	0.000	0.000	**************
12.1979	89.000	89.000	**************
6.1980	89.000	0.000	0.000
12.1980	89.000	0.000	0.000
6.1981	89.000	0.000	0.000
12.1981	89.000	0.000	0.000
6.1982	89.000	0.000	0.000
12.1982	89.000	0.000	0.000
6.1983	89.000	0.000	0.000
12.1983	89.000	0.000	0.000
6.1984	89.000	0.000	0.000
12.1984	89.000	0.000	0.000
6.1985	89.000	0.000	0.000
12.1985	89.000	0.000	0.000
6.1986	89.000	0.000	0.000
12.1986	89.000	0.000	0.000
6.1987	89.000	0.000	0.000
12.1987	89.000	0.000	0.000
6.1988	89.000	0.000	0.000
12.1988	89.000	0.000	0.000
6.1989	89.000	0.000	0.000
12.1989	89.000	0.000	0.000

STUDIE : MODELL ZUR ANALYSE UND PROGNOSE D.MARKTANT. MR.X

#IND604

ZEITREIHE : PUNKTZ.MOTOR U. FAHRLEIST.KONK.MODRH.5

MM.JJJJ	ZEITREIHEN-WERTE	ABWEICHUNG ZUR VORPERIODE (ABS.)	ABWEICHUNG ZUR VORPERIODE (IN %)
6.1969	0.000		
12.1969	0.000	0.000	*************
6.1970	0.000	0.000	*************
12.1970	0.000	0.000	*************
6.1971	0.000	0.000	*************
12.1971	0.000	0.000	*************
6.1972	0.000	0.000	*************
12.1972	0.000	0.000	*************
6.1973	0.000	0.000	*************
12.1973	0.000	0.000	*************
6.1974	0.000	0.000	*************
12.1974	0.000	0.000	*************
6.1975	0.000	0.000	*************
12.1975	0.000	0.000	*************
6.1976	0.000	0.000	*************
12.1976	0.000	0.000	*************
6.1977	0.000	0.000	*************
12.1977	0.000	0.000	*************
6.1978	0.000	0.000	*************
12.1978	0.000	0.000	*************
6.1979	0.000	0.000	*************
12.1979	88.000	88.000	*************
6.1980	88.000	0.000	0.000
12.1980	88.000	0.000	0.000
6.1981	88.000	0.000	0.000
12.1981	88.000	0.000	0.000
6.1982	88.000	0.000	0.000
12.1982	88.000	0.000	0.000
6.1983	88.000	0.000	0.000
12.1983	88.000	0.000	0.000
6.1984	88.000	0.000	0.000
12.1984	88.000	0.000	0.000
6.1985	88.000	0.000	0.000
12.1985	88.000	0.000	0.000
6.1986	88.000	0.000	0.000
12.1986	88.000	0.000	0.000
6.1987	88.000	0.000	0.000
12.1987	89.000	1.000	1.136
6.1988	89.000	0.000	0.000
12.1988	89.000	0.000	0.000
6.1989	89.000	0.000	0.000
12.1989	89.000	0.000	0.000

STUDIE : MODELL ZUR ANALYSE UND PROGNOSE D.MARKTANT. MR.X

#IND605

ZEITREIHE ' : PUNKTZAHL KOMFORTKONK.MODRH. 5

MM.JJJJ	ZEITREIHEN-WERTE	ABWEICHUNG ZUR VORPERIODE (ABS.)	ABWEICHUNG ZUR VORPERIODE (IN %)
6.1969	0.000		
12.1969	0.000	0.000	*************
6.1970	0.000	0.000	*************
12.1970	0.000	0.000	*************
6.1971	0.000	0.000	*************
12.1971	0.000	0.000	*************
6.1972	0.000	0.000	*************
12.1972	0.000	0.000	*************
6.1973	0.000	0.000	*************
12.1973	0.000	0.000	*************
6.1974	0.000	0.000	*************
12.1974	0.000	0.000	*************
6.1975	0.000	0.000	*************
12.1975	0.000	0.000	*************
6.1976	0.000	0.000	*************
12.1976	0.000	0.000	*************
6.1977	0.000	0.000	*************
12.1977	0.000	0.000	*************
6.1978	0.000	0.000	*************
12.1978	0.000	0.000	*************
6.1979	0.000	0.000	*************
12.1979	93.000	93.000	*************
6.1980	93.000	0.000	0.000
12.1980	93.000	0.000	0.000
6.1981	93.000	0.000	0.000
12.1981	93.000	0.000	0.000
6.1982	93.000	0.000	0.000
12.1982	93.000	0.000	0.000
6.1983	93.000	0.000	0.000
12.1983	93.000	0.000	0.000
6.1984	93.000	0.000	0.000
12.1984	93.000	0.000	0.000
6.1985	93.000	0.000	0.000
12.1985	93.000	0.000	0.000
6.1986	93.000	0.000	0.000
12.1986	93.000	0.000	0.000
6.1987	93.000	0.000	0.000
12.1987	95.000	2.000	2.151
6.1988	95.000	0.000	0.000
12.1988	95.000	0.000	0.000
6.1989	95.000	0.000	0.000
12.1989	95.000	0.000	0.000

STUDIE : MODELL ZUR ANALYSE UND PROGNOSE D.MARKTANT. MR.X

#IND606

ZEITREIHE : PUNKTZAHL FAHREIGENSCHAFT.KONK.MODRH.5

MM.JJJJ	ZEITREIHEN-WERTE	ABWEICHUNG ZUR VORPERIODE (ABS.)	ABWEICHUNG ZUR VORPERIODE (IN %)
6.1969	0.000		
12.1969	0.000	0.000	*************
6.1970	0.000	0.000	*************
12.1970	0.000	0.000	*************
6.1971	0.000	0.000	*************
12.1971	0.000	0.000	*************
6.1972	0.000	0.000	*************
12.1972	0.000	0.000	*************
6.1973	0.000	0.000	*************
12.1973	0.000	0.000	*************
6.1974	0.000	0.000	*************
12.1974	0.000	0.000	*************
6.1975	0.000	0.000	*************
12.1975	0.000	0.000	*************
6.1976	0.000	0.000	*************
12.1976	0.000	0.000	*************
6.1977	0.000	0.000	*************
12.1977	0.000	0.000	*************
6.1978	0.000	0.000	*************
12.1978	0.000	0.000	*************
6.1979	0.000	0.000	*************
12.1979	89.000	89.000	*************
6.1980	89.000	0.000	0.000
12.1980	89.000	0.000	0.000
6.1981	89.000	0.000	0.000
12.1981	89.000	0.000	0.000
6.1982	89.000	0.000	0.000
12.1982	89.000	0.000	0.000
6.1983	89.000	0.000	0.000
12.1983	89.000	0.000	0.000
6.1984	89.000	0.000	0.000
12.1984	89.000	0.000	0.000
6.1985	89.000	0.000	0.000
12.1985	89.000	0.000	0.000
6.1986	89.000	0.000	0.000
12.1986	89.000	0.000	0.000
6.1987	89.000	0.000	0.000
12.1987	89.000	0.000	0.000
6.1988	89.000	0.000	0.000
12.1988	89.000	0.000	0.000
6.1989	89.000	0.000	0.000
12.1989	89.000	0.000	0.000

STUDIE : MODELL ZUR ANALYSE UND PROGNOSE D.MARKTANT. MR.X

#IND777

ZEITREIHE : STYLINGSPRUNG MODELLREIHE X

MM.JJJJ	ZEITREIHEN-WERTE	ABWEICHUNG ZUR VORPERIODE (ABS.)	ABWEICHUNG ZUR VORPERIODE (IN %)
6.1969	1.000		
12.1969	1.000	0.000	0.000
6.1970	1.000	0.000	0.000
12.1970	1.000	0.000	0.000
6.1971	1.000	0.000	0.000
12.1971	1.000	0.000	0.000
6.1972	1.000	0.000	0.000
12.1972	2.600	1.600	160.000
6.1973	2.600	0.000	0.000
12.1973	2.600	0.000	0.000
6.1974	2.600	0.000	0.000
12.1974	2.600	0.000	0.000
6.1975	2.600	0.000	0.000
12.1975	2.600	0.000	0.000
6.1976	2.600	0.000	0.000
12.1976	2.600	0.000	0.000
6.1977	2.600	0.000	0.000
12.1977	2.600	0.000	0.000
6.1978	2.600	0.000	0.000
12.1978	2.600	0.000	0.000
6.1979	2.600	0.000	0.000
12.1979	2.600	0.000	0.000
6.1980	2.600	0.000	0.000
12.1980	2.600	0.000	0.000
6.1981	2.600	0.000	0.000
12.1981	-1.000	-3.600	-138.462
6.1982	-1.000	0.000	0.000
12.1982	-1.000	0.000	0.000
6.1983	-1.000	0.000	0.000
12.1983	-1.000	0.000	0.000
6.1984	-1.000	0.000	0.000
12.1984	-1.000	0.000	0.000
6.1985	-1.000	0.000	0.000
12.1985	-1.000	0.000	0.000
6.1986	-1.000	0.000	0.000
12.1986	-1.000	0.000	0.000
6.1987	-1.000	0.000	0.000
12.1987	-1.000	0.000	0.000
6.1988	0.900	1.900	-190.000
12.1988	0.900	0.000	0.000
6.1989	0.900	0.000	0.000
12.1989	0.900	0.000	0.000

STUDIE : MODELL ZUR ANALYSE UND PROGNOSE D.MARKTANT. MR.X

#IND750

ZEITREIHE : Relativee Motorvariantenangebot

MM.JJJJ	ZEITREIHEN-WERTE	ABWEICHUNG ZUR VORPERIODE (ABS.)	ABWEICHUNG ZUR VORPERIODE (IN %)
6.1969	0.900		
12.1969	0.900	0.000	0.000
6.1970	0.900	0.000	0.000
12.1970	0.900	0.000	0.000
6.1971	0.900	0.000	0.000
12.1971	0.900	0.000	0.000
6.1972	0.900	0.000	0.000
12.1972	0.750	-0.150	-16.667
6.1973	0.750	0.000	0.000
12.1973	0.600	-0.150	-20.000
6.1974	0.860	0.260	43.333
12.1974	0.910	0.050	5.814
6.1975	0.950	0.040	4.396
12.1975	0.950	0.000	0.000
6.1976	0.950	0.000	0.000
12.1976	0.950	0.000	0.000
6.1977	0.950	0.000	0.000
12.1977	0.950	0.000	0.000
6.1978	0.950	0.000	0.000
12.1978	0.950	0.000	0.000
6.1979	1.000	0.050	5.263
12.1979	1.000	0.000	0.000
6.1980	1.000	0.000	0.000
12.1980	1.000	0.000	0.000
6.1981	1.000	0.000	0.000
12.1981	1.000	0.000	0.000
6.1982	1.000	0.000	0.000
12.1982	1.100	0.100	10.000
6.1983	1.200	0.100	9.091
12.1983	1.200	0.000	0.000
6.1984	1.200	0.000	0.000
12.1984	1.200	0.000	0.000
6.1985	1.200	0.000	0.000
12.1985	1.200	0.000	0.000
6.1986	1.200	0.000	0.000
12.1986	1.200	0.000	0.000
6.1987	1.300	0.100	8.333
12.1987	1.300	0.000	0.000
6.1988	0.900	-0.400	-30.769
12.1988	1.000	0.100	11.111
6.1989	1.100	0.100	10.000
12.1989	1.200	0.100	9.091
6.1990	1.300	0.100	8.333
12.1990	1.300	0.000	0.000
6.1991	1.300	0.000	0.000
12.1991	1.300	0.000	0.000
6.1992	1.300	0.000	0.000
12.1992	1.300	0.000	0.000
6.1993	1.300	0.000	0.000
12.1993	1.300	0.000	0.000

STUDIE : MODELL ZUR ANALYSE UND PROGNOSE D.MARKTANT. MR.X

#IND700

ZEITREIHE : GEWICHTETER DURCHSCHNITTSPREIS MOD.RH.X

MM.JJJJ	ZEITREIHEN-WERTE	ABWEICHUNG ZUR VORPERIODE (ABS.)	ABWEICHUNG ZUR VORPERIODE (IN %)
6.1969	12676.000		
12.1969	12758.000	82.000	0.647
6.1970	12858.000	100.000	0.784
12.1970	12958.000	100.000	0.778
6.1971	13058.000	100.000	0.772
12.1971	13158.000	100.000	0.766
6.1972	14458.000	1300.000	9.880
12.1972	14858.000	400.000	2.767
6.1973	15227.000	369.000	2.484
12.1973	15547.000	320.000	2.102
6.1974	17025.000	1478.000	9.507
12.1974	16846.000	-179.000	-1.051
6.1975	17646.000	800.000	4.749
12.1975	18881.000	1235.000	6.999
6.1976	19619.000	738.000	3.909
12.1976	20294.000	675.000	3.441
6.1977	21117.000	823.000	4.055
12.1977	20715.000	-402.000	-1.904
6.1978	21386.000	671.000	3.239
12.1978	22389.000	1003.000	4.690
6.1979	23510.000	1121.000	5.007
12.1979	24038.000	528.000	2.246
6.1980	24737.000	699.000	2.908
12.1980	24737.000	0.000	0.000
6.1981	24879.000	142.000	0.574
12.1981	27260.000	2381.000	9.570
6.1982	27902.000	642.000	2.355
12.1982	28783.000	881.000	3.157
6.1983	29498.000	715.000	2.484
12.1983	30931.000	1433.000	4.858
6.1984	31773.000	842.000	2.722
12.1984	32085.000	312.000	0.982
6.1985	34595.000	2510.000	7.823
12.1985	35580.000	985.000	2.847
6.1986	36291.000	711.000	1.998
12.1986	36654.000	363.000	1.000
6.1987	37387.000	733.000	2.000
12.1987	37769.000	382.000	1.022
6.1988	41000.000	3231.000	8.555
12.1988	41800.000	800.000	1.951
6.1989	43074.000	1274.000	3.048
12.1989	43936.000	862.000	2.001
6.1990	44814.000	878.000	1.998
12.1990	45700.000	886.000	1.977
6.1991	46600.000	900.000	1.969
12.1991	47557.000	957.000	2.054

STUDIE : MODELL ZUR ANALYSE UND PROGNOSE D.MARKTANT. MR.X

#IND701

ZEITREIHE : GEWICHTETER DURCHSCHNITTSPREIS SEGMENT 3

MM.JJJJ	ZEITREIHEN-WERTE	ABWEICHUNG ZUR VORPERIODE (ABS.)	ABWEICHUNG ZUR VORPERIODE (IN %)
6.1969	10877.000		
12.1969	10987.000	110.000	1.011
6.1970	11078.000	91.000	0.828
12.1970	11578.000	500.000	4.513
6.1971	11778.000	200.000	1.727
12.1971	12034.000	256.000	2.174
6.1972	12245.000	211.000	1.753
12.1972	12498.000	253.000	2.066
6.1973	12796.000	298.000	2.384
12.1973	13443.000	647.000	5.056
6.1974	14133.000	690.000	5.133
12.1974	14685.000	552.000	3.906
6.1975	15596.000	911.000	6.204
12.1975	16151.000	555.000	3.559
6.1976	16948.000	797.000	4.935
12.1976	17679.000	731.000	4.313
6.1977	17708.000	29.000	0.164
12.1977	17812.000	104.000	0.587
6.1978	16691.000	-1121.000	-6.294
12.1978	18197.000	1506.000	9.023
6.1979	18526.000	329.000	1.808
12.1979	19895.000	1369.000	7.390
6.1980	20476.000	581.000	2.920
12.1980	21901.000	1425.000	6.959
6.1981	22312.000	411.000	1.877
12.1981	23835.000	1523.000	6.826
6.1982	24513.000	678.000	2.845
12.1982	25805.000	1292.000	5.271
6.1983	25750.000	-55.000	-0.213
12.1983	27304.000	1554.000	6.035
6.1984	27944.000	640.000	2.344
12.1984	29277.000	1333.000	4.770
6.1985	31917.000	2640.000	9.017
12.1985	33200.000	1283.000	4.020
6.1986	34190.000	990.000	2.982
12.1986	35221.000	1031.000	3.016
6.1987	35926.000	705.000	2.002
12.1987	36644.000	718.000	1.999
6.1988	37744.000	1100.000	3.002
12.1988	38499.000	755.000	2.000
6.1989	39269.000	770.000	2.000
12.1989	40054.000	785.000	1.999
6.1990	40855.000	801.000	2.000
12.1990	41672.000	817.000	2.000
6.1991	42506.000	834.000	2.001
12.1991	43360.000	854.000	2.009

STUDIE : MODELL ZUR ANALYSE UND PROGNOSE D.MARKTANT. MR.X

#IND751

ZEITREIHE : ANLAUF/AUSLAUF

MM.JJJJ	ZEITREIHEN-WERTE	ABWEICHUNG ZUR VORPERIODE (ABS.)	ABWEICHUNG ZUR VORPERIODE (IN %)
6.1969	0.000		
12.1969	0.000	0.000	*************
6.1970	0.000	0.000	*************
12.1970	0.000	0.000	*************
6.1971	0.000	0.000	*************
12.1971	0.000	0.000	*************
6.1972	0.000	0.000	*************
12.1972	0.000	0.000	*************
6.1973	-0.020	-0.020	*************
12.1973	-0.029	-0.009	45.000
6.1974	0.000	0.029	-100.000
12.1974	0.000	0.000	*************
6.1975	0.000	0.000	*************
12.1975	0.000	0.000	*************
6.1976	0.000	0.000	*************
12.1976	0.000	0.000	*************
6.1977	0.000	0.000	*************
12.1977	0.000	0.000	*************
6.1978	0.000	0.000	*************
12.1978	0.000	0.000	*************
6.1979	0.000	0.000	*************
12.1979	0.000	0.000	*************
6.1980	0.000	0.000	*************
12.1980	-0.016	-0.016	*************
6.1981	-0.029	-0.013	81.250
12.1981	0.000	0.029	-100.000
6.1982	0.000	0.000	*************
12.1982	0.000	0.000	*************
6.1983	0.000	0.000	*************
12.1983	0.000	0.000	*************
6.1984	0.000	0.000	*************
12.1984	0.000	0.000	*************
6.1985	0.000	0.000	*************
12.1985	0.000	0.000	*************
6.1986	0.000	0.000	*************
12.1986	0.000	0.000	*************
6.1987	-0.010	-0.010	*************
12.1987	-0.020	-0.010	100.000
6.1988	0.000	0.020	-100.000
12.1988	0.000	0.000	*************
6.1989	0.000	0.000	*************
12.1989	0.000	0.000	*************
6.1990	0.000	0.000	*************
12.1990	0.000	0.000	*************
6.1991	0.000	0.000	*************
12.1991	0.000	0.000	*************
6.1992	0.000	0.000	*************

STUDIE : MODELL ZUR ANALYSE UND PROGNOSE D.MARKTANT. MR.X

#IND753

ZEITREIHE : ANTEIL VON SEGMENT 3 AM GESAMTMARKT

MM.JJJJ	ZEITREIHEN-WERTE	ABWEICHUNG ZUR VORPERIODE (ABS.)	ABWEICHUNG ZUR VORPERIODE (IN %)
6.1969	0.259		
12.1969	0.270	0.011	4.173
6.1970	0.258	-0.012	-4.377
12.1970	0.274	0.016	6.206
6.1971	0.293	0.019	7.049
12.1971	0.275	-0.018	-6.141
6.1972	0.263	-0.012	-4.507
12.1972	0.280	0.017	6.662
6.1973	0.307	0.027	9.672
12.1973	0.272	-0.035	-11.324
6.1974	0.258	-0.014	-5.211
12.1974	0.261	0.003	1.045
6.1975	0.265	0.004	1.686
12.1975	0.263	-0.003	-1.055
6.1976	0.232	-0.030	-11.538
12.1976	0.246	0.014	5.854
6.1977	0.243	-0.002	-1.017
12.1977	0.283	0.040	16.434
6.1978	0.280	-0.004	-1.376
12.1978	0.285	0.005	1.825
6.1979	0.266	-0.018	-6.395
12.1979	0.258	-0.008	-3.116
6.1980	0.223	-0.035	-13.716
12.1980	0.217	-0.006	-2.515
6.1981	0.184	-0.034	-15.431
12.1981	0.217	0.034	18.410
6.1982	0.189	-0.028	-13.063
12.1982	0.208	0.019	9.947
6.1983	0.183	-0.025	-11.983
12.1983	0.176	-0.007	-3.937
6.1984	0.152	-0.023	-13.261
12.1984	0.128	-0.025	-16.076
6.1985	0.134	0.006	4.457
12.1985	0.150	0.016	12.051
6.1986	0.153	0.003	2.071
12.1986	0.175	0.022	14.228
6.1987	0.187	0.012	7.104
12.1987	0.191	0.004	2.306
6.1988	0.192	0.001	0.607
12.1988	0.187	-0.006	-2.957
6.1989	0.167	-0.020	-10.449
12.1989	0.188	0.020	12.218
6.1990	0.192	0.004	2.132
12.1990	0.192	0.000	0.000

STUDIE : MODELL ZUR ANALYSE UND PROGNOSE D.MARKTANT. MR.X

#IND767

ZEITREIHE : EIGENE KONKURRENZ

MM.JJJJ	ZEITREIHEN-WERTE	ABWEICHUNG ZUR VORPERIODE (ABS.)	ABWEICHUNG ZUR VORPERIODE (IN %)
6.1969	0.000		
12.1969	0.000	0.000	*************
6.1970	0.000	0.000	*************
12.1970	0.000	0.000	*************
6.1971	0.000	0.000	*************
12.1971	0.000	0.000	*************
6.1972	0.000	0.000	*************
12.1972	0.000	0.000	*************
6.1973	0.000	0.000	*************
12.1973	0.000	0.000	*************
6.1974	0.000	0.000	*************
12.1974	0.000	0.000	*************
6.1975	0.000	0.000	*************
12.1975	-0.012	-0.012	*************
6.1976	0.000	0.012	-100.000
12.1976	0.000	0.000	*************
6.1977	0.000	0.000	*************
12.1977	-0.010	-0.010	*************
6.1978	-0.002	0.007	-73.684
12.1978	0.000	0.002	-100.000
6.1979	0.000	0.000	*************
12.1979	0.000	0.000	*************
6.1980	0.000	0.000	*************
12.1980	0.000	0.000	*************
6.1981	0.000	0.000	*************
12.1981	0.000	0.000	*************
6.1982	0.000	0.000	*************
12.1982	0.000	0.000	*************
6.1983	0.000	0.000	*************
12.1983	-0.009	-0.009	*************
6.1984	-0.002	0.006	-72.093
12.1984	0.000	0.002	-100.000
6.1985	0.000	0.000	*************
12.1985	0.000	0.000	*************
6.1986	-0.004	-0.004	*************
12.1986	-0.005	-0.001	37.500
6.1987	0.000	0.005	-100.000
12.1987	0.000	0.000	*************
6.1988	0.000	0.000	*************
12.1988	0.000	0.000	*************
6.1989	0.000	0.000	*************
12.1989	0.000	0.000	*************
6.1990	0.000	0.000	*************

STUDIE : MARKTANTEIL MODELLREIHE Y PROGNOSEMODELL

#IND999

ZEITREIHE : MARKTANTEIL MODELLRH. Y IN SEGMENT 4L

MM.JJJJ	ZEITREIHEN-WERTE	ABWEICHUNG ZUR VORPERIODE (ABS.)	ABWEICHUNG ZUR VORPERIODE (IN %)
6.1972	0.586		
12.1972	0.593	0.007	1.195
6.1973	0.409	-0.184	-31.029
12.1973	0.308	-0.101	-24.694
6.1974	0.255	-0.053	-17.208
12.1974	0.343	0.088	34.510
6.1975	0.355	0.012	3.499
12.1975	0.310	-0.045	-12.676
6.1976	0.296	-0.014	-4.516
12.1976	0.253	-0.043	-14.527
6.1977	0.238	-0.015	-5.929
12.1977	0.395	0.157	65.966
6.1978	0.460	0.065	16.456
12.1978	0.372	-0.088	-19.130
6.1979	0.392	0.020	5.376
12.1979	0.466	0.074	18.878
6.1980	0.349	-0.117	-25.107
12.1980	0.270	-0.079	-22.636
6.1981	0.321	0.051	18.889
12.1981	0.279	-0.042	-13.084
6.1982	0.272	-0.007	-2.509
12.1982	0.230	-0.042	-15.441
6.1983	0.283	0.053	23.043
12.1983	0.252	-0.031	-10.954
6.1984	0.306	0.054	21.429
12.1984	0.274	-0.032	-10.458
6.1985	0.247	-0.027	-9.854
12.1985	0.197	-0.050	-20.243

STUDIE : MARKTANTEIL MODELLREIHE Y PROGNOSEMODELL

#LXSM32

Altersdifferenz $(A_V - A_K)$

MM.JJJJ	ZEITREIHEN-WERTE	ABWEICHUNG ZUR VORPERIODE (ABS.)	ABWEICHUNG ZUR VORPERIODE (IN %)
6.1972	-8.000		
12.1972	8.000	16.000	-200.000
6.1973	8.000	0.000	0.000
12.1973	8.000	0.000	0.000
6.1974	8.000	0.000	0.000
12.1974	8.000	0.000	0.000
6.1975	8.000	0.000	0.000
12.1975	8.000	0.000	0.000
6.1976	8.000	0.000	0.000
12.1976	8.000	0.000	0.000
6.1977	8.000	0.000	0.000
12.1977	-10.000	-18.000	-225.000
6.1978	-10.000	0.000	0.000
12.1978	-10.000	0.000	0.000
6.1979	-10.000	0.000	0.000
12.1979	4.000	14.000	-140.000
6.1980	4.000	0.000	0.000
12.1980	4.000	0.000	0.000
6.1981	4.000	0.000	0.000
12.1981	4.000	0.000	0.000
6.1982	4.000	0.000	0.000
12.1982	4.000	0.000	0.000
6.1983	4.000	0.000	0.000
12.1983	4.000	0.000	0.000
6.1984	4.000	0.000	0.000
12.1984	4.000	0.000	0.000
6.1985	4.000	0.000	0.000
12.1985	4.000	0.000	0.000
6.1986	4.000	0.000	0.000
12.1986	-14.000	-18.000	-450.000
6.1987	-14.000	0.000	0.000
12.1987	-14.000	0.000	0.000
6.1988	-14.000	0.000	0.000
12.1988	4.000	18.000	-128.571
6.1989	4.000	0.000	0.000
12.1989	4.000	0.000	0.000

STUDIE : MARKTANTEIL MODELLREIHE Y PROGNOSEMODELL

#IND100

ZEITREIHE : PUNKTWERTE KAROSS. MOD.RH.Y

MM.JJJJ	ZEITREIHEN-WERTE	ABWEICHUNG ZUR VORPERIODE (ABS.)	ABWEICHUNG ZUR VORPERIODE (IN %)
6.1970	82.000		
12.1970	82.000	0.000	0.000
6.1971	82.000	0.000	0.000
12.1971	82.000	0.000	0.000
6.1972	82.000	0.000	0.000
12.1972	82.000	0.000	0.000
6.1973	82.000	0.000	0.000
12.1973	82.000	0.000	0.000
6.1974	85.000	3.000	3.659
12.1974	85.000	0.000	0.000
6.1975	85.000	0.000	0.000
12.1975	85.000	0.000	0.000
6.1976	85.000	0.000	0.000
12.1976	85.000	0.000	0.000
6.1977	85.000	0.000	0.000
12.1977	88.000	3.000	3.529
6.1978	88.000	0.000	0.000
12.1978	88.000	0.000	0.000
6.1979	88.000	0.000	0.000
12.1979	88.000	0.000	0.000
6.1980	88.000	0.000	0.000
12.1980	88.000	0.000	0.000
6.1981	88.000	0.000	0.000
12.1981	88.000	0.000	0.000
6.1982	88.000	0.000	0.000
12.1982	88.000	0.000	0.000
6.1983	88.000	0.000	0.000
12.1983	88.000	0.000	0.000
6.1984	88.000	0.000	0.000
12.1984	88.000	0.000	0.000
6.1985	88.000	0.000	0.000
12.1985	88.000	0.000	0.000
6.1986	88.000	0.000	0.000
12.1986	94.000	6.000	6.818
6.1987	94.000	0.000	0.000
12.1987	94.000	0.000	0.000
6.1988	94.000	0.000	0.000
12.1988	94.000	0.000	0.000
6.1989	94.000	0.000	0.000
12.1989	94.000	0.000	0.000

STUDIE : MARKTANTEIL MODELLREIHE Y PROGNOSEMODELL

#IND102

ZEITREIHE : PUNKTZ.FAHREIGENSCHAFT. MODELLREIHE Y

MM.JJJJ	ZEITREIHEN-WERTE	ABWEICHUNG ZUR VORPERIODE (ABS.)	ABWEICHUNG ZUR VORPERIODE (IN %)
6.1970	79.000		
12.1970	79.000	0.000	0.000
6.1971	79.000	0.000	0.000
12.1971	79.000	0.000	0.000
6.1972	79.000	0.000	0.000
12.1972	79.000	0.000	0.000
6.1973	79.000	0.000	0.000
12.1973	79.000	0.000	0.000
6.1974	85.000	6.000	7.595
12.1974	85.000	0.000	0.000
6.1975	85.000	0.000	0.000
12.1975	85.000	0.000	0.000
6.1976	85.000	0.000	0.000
12.1976	85.000	0.000	0.000
6.1977	85.000	0.000	0.000
12.1977	92.000	7.000	8.235
6.1978	92.000	0.000	0.000
12.1978	92.000	0.000	0.000
6.1979	92.000	0.000	0.000
12.1979	92.000	0.000	0.000
6.1980	92.000	0.000	0.000
12.1980	92.000	0.000	0.000
6.1981	92.000	0.000	0.000
12.1981	92.000	0.000	0.000
6.1982	92.000	0.000	0.000
12.1982	92.000	0.000	0.000
6.1983	92.000	0.000	0.000
12.1983	92.000	0.000	0.000
6.1984	92.000	0.000	0.000
12.1984	92.000	0.000	0.000
6.1985	92.000	0.000	0.000
12.1985	92.000	0.000	0.000
6.1986	92.000	0.000	0.000
12.1986	95.000	3.000	3.261
6.1987	95.000	0.000	0.000
12.1987	95.000	0.000	0.000
6.1988	95.000	0.000	0.000
12.1988	95.000	0.000	0.000
6.1989	95.000	0.000	0.000
12.1989	95.000	0.000	0.000

STUDIE : MARKTANTEIL MODELLREIHE Y PROGNOSEMODELL

#IND104

ZEITREIHE : PUNKTZ. VERARB.QUAL. MOD.RH. Y

MM.JJJJ	ZEITREIHEN-WERTE	ABWEICHUNG ZUR VORPERIODE (ABS.)	ABWEICHUNG ZUR VORPERIODE (IN %)
6.1970	12.000		
12.1970	12.000	0.000	0.000
6.1971	12.000	0.000	0.000
12.1971	12.000	0.000	0.000
6.1972	12.000	0.000	0.000
12.1972	12.000	0.000	0.000
6.1973	12.000	0.000	0.000
12.1973	12.000	0.000	0.000
6.1974	14.000	2.000	16.667
12.1974	14.000	0.000	0.000
6.1975	14.000	0.000	0.000
12.1975	14.000	0.000	0.000
6.1976	14.000	0.000	0.000
12.1976	14.000	0.000	0.000
6.1977	14.000	0.000	0.000
12.1977	18.000	4.000	28.571
6.1978	18.000	0.000	0.000
12.1978	18.000	0.000	0.000
6.1979	18.000	0.000	0.000
12.1979	18.000	0.000	0.000
6.1980	18.000	0.000	0.000
12.1980	18.000	0.000	0.000
6.1981	18.000	0.000	0.000
12.1981	18.000	0.000	0.000
6.1982	18.000	0.000	0.000
12.1982	18.000	0.000	0.000
6.1983	18.000	0.000	0.000
12.1983	18.000	0.000	0.000
6.1984	18.000	0.000	0.000
12.1984	18.000	0.000	0.000
6.1985	18.000	0.000	0.000
12.1985	18.000	0.000	0.000
6.1986	18.000	0.000	0.000
12.1986	19.000	1.000	5.556
6.1987	19.000	0.000	0.000
12.1987	19.000	0.000	0.000
6.1988	19.000	0.000	0.000
12.1988	19.000	0.000	0.000
6.1989	19.000	0.000	0.000
12.1989	19.000	0.000	0.000

STUDIE : MARKTANTEIL MODELLREIHE Y PROGNOSEMODELL

#IND106

ZEITREIHE : PUNKTZ. KOMFORT MODELLREIHE Y

MM.JJJJ	ZEITREIHEN-WERTE	ABWEICHUNG ZUR VORPERIODE (ABS.)	ABWEICHUNG ZUR VORPERIODE (IN %)
6.1970	51.000		
12.1970	51.000	0.000	0.000
6.1971	51.000	0.000	0.000
12.1971	51.000	0.000	0.000
6.1972	51.000	0.000	0.000
12.1972	51.000	0.000	0.000
6.1973	51.000	0.000	0.000
12.1973	51.000	0.000	0.000
6.1974	60.000	9.000	17.647
12.1974	60.000	0.000	0.000
6.1975	60.000	0.000	0.000
12.1975	60.000	0.000	0.000
6.1976	60.000	0.000	0.000
12.1976	60.000	0.000	0.000
6.1977	60.000	0.000	0.000
12.1977	77.000	17.000	28.333
6.1978	77.000	0.000	0.000
12.1978	77.000	0.000	0.000
6.1979	77.000	0.000	0.000
12.1979	77.000	0.000	0.000
6.1980	77.000	0.000	0.000
12.1980	77.000	0.000	0.000
6.1981	77.000	0.000	0.000
12.1981	77.000	0.000	0.000
6.1982	77.000	0.000	0.000
12.1982	77.000	0.000	0.000
6.1983	77.000	0.000	0.000
12.1983	77.000	0.000	0.000
6.1984	77.000	0.000	0.000
12.1984	77.000	0.000	0.000
6.1985	77.000	0.000	0.000
12.1985	77.000	0.000	0.000
6.1986	77.000	0.000	0.000
12.1986	85.000	8.000	10.390
6.1987	85.000	0.000	0.000
12.1987	85.000	0.000	0.000
6.1988	85.000	0.000	0.000
12.1988	85.000	0.000	0.000
6.1989	85.000	0.000	0.000
12.1989	85.000	0.000	0.000

STUDIE : MARKTANTEIL MODELLREIHE Y PROGNOSEMODELL

#IND111

ZEITREIHE : MODELLALTER IN HJ. MOD.RH.Y

MM.JJJJ	ZEITREIHEN-WERTE	ABWEICHUNG ZUR VORPERIODE (ABS.)	ABWEICHUNG ZUR VORPERIODE (IN %)
6.1970	4.000		
12.1970	5.000	1.000	25.000
6.1971	6.000	1.000	20.000
12.1971	7.000	1.000	16.667
6.1972	8.000	1.000	14.286
12.1972	9.000	1.000	12.500
6.1973	10.000	1.000	11.111
12.1973	11.000	1.000	10.000
6.1974	12.000	1.000	9.091
12.1974	13.000	1.000	8.333
6.1975	14.000	1.000	7.692
12.1975	15.000	1.000	7.143
6.1976	16.000	1.000	6.667
12.1976	17.000	1.000	6.250
6.1977	18.000	1.000	5.882
12.1977	1.000	-17.000	-94.444
6.1978	2.000	1.000	100.000
12.1978	3.000	1.000	50.000
6.1979	4.000	1.000	33.333
12.1979	5.000	1.000	25.000
6.1980	6.000	1.000	20.000
12.1980	7.000	1.000	16.667
6.1981	8.000	1.000	14.286
12.1981	9.000	1.000	12.500
6.1982	10.000	1.000	11.111
12.1982	11.000	1.000	10.000
6.1983	12.000	1.000	9.091
12.1983	13.000	1.000	8.333
6.1984	14.000	1.000	7.692
12.1984	15.000	1.000	7.143
6.1985	16.000	1.000	6.667
12.1985	17.000	1.000	6.250
6.1986	18.000	1.000	5.882
12.1986	1.000	-17.000	-94.444
6.1987	2.000	1.000	100.000
12.1987	3.000	1.000	50.000
6.1988	4.000	1.000	33.333
12.1988	5.000	1.000	25.000
6.1989	6.000	1.000	20.000
12.1989	7.000	1.000	16.667

STUDIE : MARKTANTEIL MODELLREIHE Y PROGNOSEMODELL

#IND126

ZEITREIHE : PUNKTZ.MOTOR U.FAHRLEIST.MOD.RH.Y

MM.JJJJ	ZEITREIHEN-WERTE	ABWEICHUNG ZUR VORPERIODE (ABS.)	ABWEICHUNG ZUR VORPERIODE (IN %)
6.1972	69.000		
12.1972	69.000	0.000	0.000
6.1973	69.000	0.000	0.000
12.1973	75.000	6.000	8.696
6.1974	75.000	0.000	0.000
12.1974	75.000	0.000	0.000
6.1975	75.000	0.000	0.000
12.1975	75.000	0.000	0.000
6.1976	75.000	0.000	0.000
12.1976	85.000	10.000	13.333
6.1977	85.000	0.000	0.000
12.1977	85.000	0.000	0.000
6.1978	85.000	0.000	0.000
12.1978	85.000	0.000	0.000
6.1979	85.000	0.000	0.000
12.1979	85.000	0.000	0.000
6.1980	85.000	0.000	0.000
12.1980	85.000	0.000	0.000
6.1981	85.000	0.000	0.000
12.1981	85.000	0.000	0.000
6.1982	85.000	0.000	0.000
12.1982	91.000	6.000	7.059
6.1983	91.000	0.000	0.000
12.1983	91.000	0.000	0.000
6.1984	91.000	0.000	0.000
12.1984	91.000	0.000	0.000
6.1985	91.000	0.000	0.000
12.1985	91.000	0.000	0.000
6.1986	91.000	0.000	0.000
12.1986	95.000	4.000	4.396
6.1987	95.000	0.000	0.000
12.1987	95.000	0.000	0.000
6.1988	95.000	0.000	0.000
12.1988	95.000	0.000	0.000

STUDIE : MARKTANTEIL MODELLREIHE Y PROGNOSEMODELL

#IND501

ZEITREIHE : ANLAUF/AUSLAUF MOD.REIHE Y

MM.JJJJ	ZEITREIHEN-WERTE	ABWEICHUNG ZUR VORPERIODE (ABS.)	ABWEICHUNG ZUR VORPERIODE (IN %)
6.1972	0.000		
12.1972	0.000	0.000	*************
6.1973	0.000	0.000	*************
12.1973	0.000	0.000	*************
6.1974	0.000	0.000	*************
12.1974	0.000	0.000	*************
6.1975	0.000	0.000	*************
12.1975	0.000	0.000	*************
6.1976	0.000	0.000	*************
12.1976	0.000	0.000	*************
6.1977	0.000	0.000	*************
12.1977	0.280	0.280	*************
6.1978	0.010	-0.270	-96.429
12.1978	0.000	-0.010	-100.000
6.1979	0.000	0.000	*************
12.1979	0.000	0.000	*************
6.1980	0.000	0.000	*************
12.1980	0.000	0.000	*************
6.1981	0.000	0.000	*************
12.1981	0.000	0.000	*************
6.1982	-0.140	-0.140	*************
12.1982	-0.260	-0.120	85.714
6.1983	0.000	0.260	-100.000
12.1983	0.000	0.000	*************
6.1984	0.000	0.000	*************
12.1984	0.000	0.000	*************
6.1985	-0.120	-0.120	*************
12.1985	-0.250	-0.130	108.333
6.1986	-0.250	0.000	0.000
12.1986	0.000	0.250	-100.000
6.1987	0.000	0.000	*************
12.1987	0.000	0.000	*************
6.1988	0.000	0.000	*************
12.1988	0.000	0.000	*************
6.1989	0.000	0.000	*************
12.1989	0.000	0.000	*************
6.1990	0.000	0.000	*************
12.1990	0.000	0.000	*************
6.1991	0.000	0.000	*************

STUDIE : MARKTANTEIL MODELLREIHE Y PROGNOSEMODELL

#IND114

ZEITREIHE : GEW.DURCHSCHN.PREIS MOD.REIHE Y

MM.JJJJ	ZEITREIHEN-WERTE	ABWEICHUNG ZUR VORPERIODE (ABS.)	ABWEICHUNG ZUR VORPERIODE (IN %)
6.1970	18300.000		
12.1970	18200.000	-100.000	-0.546
6.1971	18600.000	400.000	2.198
12.1971	19400.000	800.000	4.301
6.1972	10000.000		
12.1972	21200.000	11200.000	112.000
6.1973	22313.000	1113.000	5.250
12.1973	23057.000	744.000	3.334
6.1974	24165.000	1108.000	4.805
12.1974	25089.000	924.000	3.824
6.1975	26155.000	1066.000	4.249
12.1975	27104.000	949.000	3.628
6.1976	28332.000	1228.000	4.531
12.1976	32961.000	4629.000	16.338
6.1977	34909.000	1948.000	5.910
12.1977	34871.000	-38.000	-0.109
6.1978	34769.000	-102.000	-0.293
12.1978	35846.000	1077.000	3.098
6.1979	37171.000	1325.000	3.696
12.1979	39032.000	1861.000	5.007
6.1980	40242.000	1210.000	3.100
12.1980	42747.000	2505.000	6.225
6.1981	42898.000	151.000	0.353
12.1981	43190.000	292.000	0.681
6.1982	44636.000	1446.000	3.348
12.1982	48399.000	3763.000	8.430
6.1983	49147.000	748.000	1.545
12.1983	51859.000	2712.000	5.518
6.1984	54496.000	2637.000	5.085
12.1984	59223.000	4727.000	8.674
6.1985	62481.000	3258.000	5.501
12.1985	63481.000	1000.000	1.600
6.1986	64481.000	1000.000	1.575
12.1986	73481.000	9000.000	13.958
6.1987	75481.000	2000.000	2.722
12.1987	79481.000	4000.000	5.299
6.1988	83481.000	4000.000	5.033
12.1988	87481.000	4000.000	4.792
6.1989	89481.000	2000.000	2.286
12.1989	93481.000	4000.000	4.470
6.1990	97481.000	4000.000	4.279

STUDIE : MARKTANTEIL MODELLREIHE Y PROGNOSEMODELL

#IND502

ZEITREIHE : KAROSSERIEVARIANTEN

MM.JJJJ	ZEITREIHEN-WERTE	ABWEICHUNG ZUR VORPERIODE (ABS.)	ABWEICHUNG ZUR VORPERIODE (IN %)
6.1972	0.000		
12.1972	0.000	0.000	*************
6.1973	0.000	0.000	*************
12.1973	0.000	0.000	*************
6.1974	0.000	0.000	*************
12.1974	0.140	0.140	*************
6.1975	0.180	0.040	28.571
12.1975	0.070	-0.110	-61.111
6.1976	0.000	-0.070	-100.000
12.1976	0.000	0.000	*************
6.1977	0.000	0.000	*************
12.1977	0.000	0.000	*************
6.1978	0.000	0.000	*************
12.1978	0.000	0.000	*************
6.1979	0.000	0.000	*************
12.1979	0.000	0.000	*************
6.1980	0.000	0.000	*************
12.1980	0.000	0.000	*************
6.1981	0.000	0.000	*************
12.1981	0.000	0.000	*************
6.1982	0.000	0.000	*************
12.1982	0.000	0.000	*************
6.1983	0.000	0.000	*************
12.1983	0.000	0.000	*************
6.1984	0.000	0.000	*************
12.1984	0.000	0.000	*************
6.1985	0.000	0.000	*************
12.1985	0.000	0.000	*************
6.1986	0.000	0.000	*************
12.1986	0.000	0.000	*************
6.1987	0.000	0.000	*************
12.1987	0.000	0.000	*************
6.1988	0.000	0.000	*************
12.1988	0.000	0.000	*************
6.1989	0.000	0.000	*************
12.1989	0.000	0.000	*************
6.1990	0.000	0.000	*************
12.1990	0.000	0.000	*************
6.1991	0.000	0.000	*************

STUDIE : MARKTANTEIL MODELLREIHE Y PROGNOSEMODELL

#IND101

ZEITREIHE : PUNKTWERTE KAROSSERIE KONK.MODRH.K

MM.JJJJ	ZEITREIHEN-WERTE	ABWEICHUNG ZUR VORPERIODE (ABS.)	ABWEICHUNG ZUR VORPERIODE (IN %)
6.1970	86.000		
12.1970	86.000	0.000	0.000
6.1971	86.000	0.000	0.000
12.1971	86.000	0.000	0.000
6.1972	86.000	0.000	0.000
12.1972	89.000	3.000	3.488
6.1973	89.000	0.000	0.000
12.1973	89.000	0.000	0.000
6.1974	89.000	0.000	0.000
12.1974	89.000	0.000	0.000
6.1975	89.000	0.000	0.000
12.1975	89.000	0.000	0.000
6.1976	89.000	0.000	0.000
12.1976	89.000	0.000	0.000
6.1977	89.000	0.000	0.000
12.1977	89.000	0.000	0.000
6.1978	89.000	0.000	0.000
12.1978	89.000	0.000	0.000
6.1979	89.000	0.000	0.000
12.1979	91.000	2.000	2.247
6.1980	91.000	0.000	0.000
12.1980	91.000	0.000	0.000
6.1981	91.000	0.000	0.000
12.1981	91.000	0.000	0.000
6.1982	91.000	0.000	0.000
12.1982	91.000	0.000	0.000
6.1983	91.000	0.000	0.000
12.1983	91.000	0.000	0.000
6.1984	91.000	0.000	0.000
12.1984	91.000	0.000	0.000
6.1985	91.000	0.000	0.000
12.1985	91.000	0.000	0.000
6.1986	91.000	0.000	0.000
12.1986	91.000	0.000	0.000
6.1987	91.000	0.000	0.000
12.1987	91.000	0.000	0.000
6.1988	91.000	0.000	0.000
12.1988	95.000	4.000	4.396
6.1989	95.000	0.000	0.000
12.1989	95.000	0.000	0.000

STUDIE : MARKTANTEIL MODELLREIHE Y PROGNOSEMODELL

#IND103

ZEITREIHE : PUNKTZ. FAHREIG. KONKUR.MODRH.K

MM.JJJJ	ZEITREIHEN-WERTE	ABWEICHUNG ZUR VORPERIODE (ABS.)	ABWEICHUNG ZUR VORPERIODE (IN %)
6.1970	76.000		
12.1970	76.000	0.000	0.000
6.1971	76.000	0.000	0.000
12.1971	76.000	0.000	0.000
6.1972	80.000	4.000	5.263
12.1972	80.000	0.000	0.000
6.1973	80.000	0.000	0.000
12.1973	80.000	0.000	0.000
6.1974	80.000	0.000	0.000
12.1974	80.000	0.000	0.000
6.1975	80.000	0.000	0.000
12.1975	80.000	0.000	0.000
6.1976	80.000	0.000	0.000
12.1976	80.000	0.000	0.000
6.1977	80.000	0.000	0.000
12.1977	80.000	0.000	0.000
6.1978	80.000	0.000	0.000
12.1978	80.000	0.000	0.000
6.1979	80.000	0.000	0.000
12.1979	83.000	3.000	3.750
6.1980	83.000	0.000	0.000
12.1980	83.000	0.000	0.000
6.1981	83.000	0.000	0.000
12.1981	83.000	0.000	0.000
6.1982	83.000	0.000	0.000
12.1982	83.000	0.000	0.000
6.1983	83.000	0.000	0.000
12.1983	83.000	0.000	0.000
6.1984	83.000	0.000	0.000
12.1984	83.000	0.000	0.000
6.1985	83.000	0.000	0.000
12.1985	83.000	0.000	0.000
6.1986	83.000	0.000	0.000
12.1986	83.000	0.000	0.000
6.1987	83.000	0.000	0.000
12.1987	83.000	0.000	0.000
6.1988	83.000	0.000	0.000
12.1988	86.000	3.000	3.614
6.1989	86.000	0.000	0.000
12.1989	86.000	0.000	0.000

STUDIE : MARKTANTEIL MODELLREIHE Y PROGNOSEMODELL

#IND105

ZEITREIHE : PUNKTZ. VERABR.QUALITAET KONK.MOD.RH. K

MM.JJJJ	ZEITREIHEN-WERTE	ABWEICHUNG ZUR VORPERIODE (ABS.)	ABWEICHUNG ZUR VORPERIODE (IN %)
6.1970	20.000		
12.1970	20.000	0.000	0.000
6.1971	20.000	0.000	0.000
12.1971	20.000	0.000	0.000
6.1972	20.000	0.000	0.000
12.1972	20.000	0.000	0.000
6.1973	20.000	0.000	0.000
12.1973	20.000	0.000	0.000
6.1974	20.000	0.000	0.000
12.1974	20.000	0.000	0.000
6.1975	20.000	0.000	0.000
12.1975	20.000	0.000	0.000
6.1976	20.000	0.000	0.000
12.1976	20.000	0.000	0.000
6.1977	20.000	0.000	0.000
12.1977	20.000	0.000	0.000
6.1978	20.000	0.000	0.000
12.1978	20.000	0.000	0.000
6.1979	20.000	0.000	0.000
12.1979	20.000	0.000	0.000
6.1980	20.000	0.000	0.000
12.1980	20.000	0.000	0.000
6.1981	20.000	0.000	0.000
12.1981	20.000	0.000	0.000
6.1982	20.000	0.000	0.000
12.1982	20.000	0.000	0.000
6.1983	20.000	0.000	0.000
12.1983	20.000	0.000	0.000
6.1984	20.000	0.000	0.000
12.1984	20.000	0.000	0.000
6.1985	20.000	0.000	0.000
12.1985	20.000	0.000	0.000
6.1986	20.000	0.000	0.000
12.1986	20.000	0.000	0.000
6.1987	20.000	0.000	0.000
12.1987	20.000	0.000	0.000
6.1988	20.000	0.000	0.000
12.1988	20.000	0.000	0.000
6.1989	20.000	0.000	0.000
12.1989	20.000	0.000	0.000

STUDIE : MARKTANTEIL MODELLREIHE Y PROGNOSEMODELL

#IND107

ZEITREIHE : PUNKTZ. KOMFORT KONKURRENZMOD.RH K

MM.JJJJ	ZEITREIHEN-WERTE	ABWEICHUNG ZUR VORPERIODE (ABS.)	ABWEICHUNG ZUR VORPERIODE (IN %)
12.1970	63.000		
6.1971	63.000	0.000	0.000
12.1971	63.000	0.000	0.000
6.1972	63.000	0.000	0.000
12.1972	63.000	0.000	0.000
6.1973	78.000	15.000	23.810
12.1973	78.000	0.000	0.000
6.1974	78.000	0.000	0.000
12.1974	78.000	0.000	0.000
6.1975	78.000	0.000	0.000
12.1975	78.000	0.000	0.000
6.1976	78.000	0.000	0.000
12.1976	78.000	0.000	0.000
6.1977	78.000	0.000	0.000
12.1977	78.000	0.000	0.000
6.1978	78.000	0.000	0.000
12.1978	78.000	0.000	0.000
6.1979	78.000	0.000	0.000
12.1979	78.000	0.000	0.000
6.1980	90.000	12.000	15.385
12.1980	90.000	0.000	0.000
6.1981	90.000	0.000	0.000
12.1981	90.000	0.000	0.000
6.1982	90.000	0.000	0.000
12.1982	90.000	0.000	0.000
6.1983	90.000	0.000	0.000
12.1983	90.000	0.000	0.000
6.1984	90.000	0.000	0.000
12.1984	90.000	0.000	0.000
6.1985	90.000	0.000	0.000
12.1985	90.000	0.000	0.000
6.1986	90.000	0.000	0.000
12.1986	90.000	0.000	0.000
6.1987	90.000	0.000	0.000
12.1987	90.000	0.000	0.000
6.1988	90.000	0.000	0.000
12.1988	90.000	0.000	0.000
6.1989	94.000	4.000	4.444
12.1989	94.000	0.000	0.000
6.1990	94.000	0.000	0.000

STUDIE : MARKTANTEIL MODELLREIHE Y PROGNOSEMODELL

#IND127

ZEITREIHE : PUNKTZ.MOTOR U.FAHRLEIST. KONK.MOD.RH.K

MM.JJJJ	ZEITREIHEN-WERTE	ABWEICHUNG ZUR VORPERIODE (ABS.)	ABWEICHUNG ZUR VORPERIODE (IN %)
6.1972	65.000		
12.1972	65.000	0.000	0.000
6.1973	65.000	0.000	0.000
12.1973	65.000	0.000	0.000
6.1974	65.000	0.000	0.000
12.1974	65.000	0.000	0.000
6.1975	65.000	0.000	0.000
12.1975	65.000	0.000	0.000
6.1976	65.000	0.000	0.000
12.1976	65.000	0.000	0.000
6.1977	65.000	0.000	0.000
12.1977	65.000	0.000	0.000
6.1978	65.000	0.000	0.000
12.1978	65.000	0.000	0.000
6.1979	80.000	15.000	23.077
12.1979	80.000	0.000	0.000
6.1980	80.000	0.000	0.000
12.1980	80.000	0.000	0.000
6.1981	80.000	0.000	0.000
12.1981	80.000	0.000	0.000
6.1982	80.000	0.000	0.000
12.1982	80.000	0.000	0.000
6.1983	80.000	0.000	0.000
12.1983	80.000	0.000	0.000
6.1984	80.000	0.000	0.000
12.1984	80.000	0.000	0.000
6.1985	80.000	0.000	0.000
12.1985	80.000	0.000	0.000
6.1986	80.000	0.000	0.000
12.1986	80.000	0.000	0.000
6.1987	80.000	0.000	0.000
12.1987	80.000	0.000	0.000
6.1988	80.000	0.000	0.000
12.1988	80.000	0.000	0.000

STUDIE : MARKTANTEIL MODELLREIHE Y PROGNOSEMODELL

#IND112

ZEITREIHE : MODELLALTER MODELLREIHE K

MM.JJJJ	ZEITREIHEN-WERTE	ABWEICHUNG ZUR VORPERIODE (ABS.)	ABWEICHUNG ZUR VORPERIODE (IN %)
6.1970	12.000		
12.1970	13.000	1.000	8.333
6.1971	14.000	1.000	7.692
12.1971	15.000	1.000	7.143
6.1972	16.000	1.000	6.667
12.1972	1.000	-15.000	-93.750
6.1973	2.000	1.000	100.000
12.1973	3.000	1.000	50.000
6.1974	4.000	1.000	33.333
12.1974	5.000	1.000	25.000
6.1975	6.000	1.000	20.000
12.1975	7.000	1.000	16.667
6.1976	8.000	1.000	14.286
12.1976	9.000	1.000	12.500
6.1977	10.000	1.000	11.111
12.1977	11.000	1.000	10.000
6.1978	12.000	1.000	9.091
12.1978	13.000	1.000	8.333
6.1979	14.000	1.000	7.692
12.1979	1.000	-13.000	-92.857
6.1980	2.000	1.000	100.000
12.1980	3.000	1.000	50.000
6.1981	4.000	1.000	33.333
12.1981	5.000	1.000	25.000
6.1982	6.000	1.000	20.000
12.1932	7.000	1.000	16.667
6.1983	8.000	1.000	14.286
12.1983	9.000	1.000	12.500
6.1984	10.000	1.000	11.111
12.1984	11.000	1.000	10.000
6.1985	12.000	1.000	9.091
12.1985	13.000	1.000	8.333
6.1986	14.000	1.000	7.692
12.1986	15.000	1.000	7.143
6.1987	16.000	1.000	6.667
12.1987	17.000	1.000	6.250
6.1988	18.000	1.000	5.882
12.1988	1.000	-17.000	-94.444
6.1989	2.000	1.000	100.000
12.1989	3.000	1.000	50.000
6.1990	4.000	1.000	33.333
12.1990	5.000	1.000	25.000
6.1991	6.000	1.000	20.000

STUDIE : MARKTANTEIL MODELLREIHE Y PROGNOSEMODELL

#IND500

ZEITREIHE : ANLAUF/AUSLAUF KONKURRENZ

MM.JJJJ	ZEITREIHEN-WERTE	ABWEICHUNG ZUR VORPERIODE (ABS.)	ABWEICHUNG ZUR VORPERIODE (IN %)
6.1972	0.000		
12.1972	0.300	0.300	*************
6.1973	0.480	0.180	60.000
12.1973	0.090	-0.390	-81.250
6.1974	-0.200	-0.290	-322.222
12.1974	0.000	0.200	-100.000
6.1975	0.000	0.000	*************
12.1975	0.000	0.000	*************
6.1976	0.000	0.000	*************
12.1976	0.000	0.000	*************
6.1977	0.000	0.000	*************
12.1977	0.000	0.000	*************
6.1978	0.000	0.000	*************
12.1978	0.000	0.000	*************
6.1979	0.000	0.000	*************
12.1979	0.000	0.000	*************
6.1980	0.120	0.120	*************
12.1980	-0.110	-0.230	-191.667
6.1981	0.000	0.110	-100.000
12.1981	0.000	0.000	*************
6.1982	0.000	0.000	*************
12.1982	0.000	0.000	*************
6.1983	0.000	0.000	*************
12.1983	-0.130	-0.130	*************
6.1984	0.000	0.130	-100.000
12.1984	0.000	0.000	*************
6.1985	0.000	0.000	*************
12.1985	0.000	0.000	*************
6.1986	0.000	0.000	*************
12.1986	0.000	0.000	*************
6.1987	0.000	0.000	*************
12.1987	0.000	0.000	*************
6.1988	0.000	0.000	*************
12.1988	0.000	0.000	*************
6.1989	0.000	0.000	*************
12.1989	0.000	0.000	*************
6.1990	0.000	0.000	*************
12.1990	0.000	0.000	*************

STUDIE : MARKTANTEIL MODELLREIHE Y PROGNOSEMODELL

#IND113

ZEITREIHE : GEW.DURCHSCHN.PREIS SEGMENT 4L

MM.JJJJ	ZEITREIHEN-WERTE	ABWEICHUNG ZUR VORPERIODE (ABS.)	ABWEICHUNG ZUR VORPERIODE (IN %)
6.1970	20300.000		
12.1970	21200.000	900.000	4.433
6.1971	22600.000	1400.000	6.604
12.1971	23400.000	800.000	3.540
6.1972	24000.000	600.000	2.564
12.1972	25200.000	1200.000	5.000
6.1973	26435.000	1235.000	4.901
12.1973	28408.000	1973.000	7.464
6.1974	29633.000	1225.000	4.312
12.1974	30021.000	388.000	1.309
6.1975	31650.000	1629.000	5.426
12.1975	31447.000	-203.000	-0.641
6.1976	33681.000	2234.000	7.104
12.1976	34284.000	603.000	1.790
6.1977	35608.000	1324.000	3.862
12.1977	35320.000	-288.000	-0.809
6.1978	36434.000	1114.000	3.154
12.1978	36985.000	551.000	1.512
6.1979	38726.000	1741.000	4.707
12.1979	40071.000	1345.000	3.473
6.1980	43429.000	3358.000	8.380
12.1980	45489.000	2060.000	4.743
6.1981	46181.000	692.000	1.521
12.1981	48240.000	2059.000	4.459
6.1982	51321.000	3081.000	6.387
12.1982	53808.000	2487.000	4.846
6.1983	54135.000	327.000	0.608
12.1983	56101.000	1966.000	3.632
6.1984	59186.000	3085.000	5.499
12.1984	60579.000	1393.000	2.354
6.1985	65401.000	4822.000	7.960
12.1985	67401.000	2000.000	3.058
6.1986	69401.000	2000.000	2.967
12.1986	71401.000	2000.000	2.882
6.1987	75401.000	4000.000	5.602
12.1987	78401.000	3000.000	3.979
6.1988	85401.000	7000.000	8.928
12.1988	95000.000	9599.000	11.240
6.1989	100000.000	5000.000	5.263
12.1989	103000.000	3000.000	3.000

DATEN ZUR QUERSCHNITTANALYSE (BLATT 1)

MODELL	ZULASSUNGEN 1.HALBJAHR 1986	PREIS IN DM	LEISTUNG (KW)	VMAX (KM/STD)	ALTER IN JAHREN	BESCHLEU-NIGUNG (0-100KM/H) IN SEK.	DURCHSCHNITT-LICHER VERBRAUCH PRO 100 KM	KATALY-SATOR
1	1.073	27.200	77	175	6	12,6	8,0	1
2	3.240	32.050	95	190	6	11,4	9,2	1
3	3.338	34.000	95	190	6	10,7	8,1	2
4	7.826	25.890	66	176	4	12,0	7,2	2
5	2.856	31.055	84	190	4	10,7	8,9	1
6	8.202	32.050	101	202	4	9,7	9,0	2
7	2.901	25.665	77	185	1	11,5	7,9	1
8	10.520	30.500	85	193	1	10,6	8,6	2
9	5.631	33.197	80	187	1	12,6	8,8	1
10	17.081	37.210	100	203	1	10,4	8,8	2
11	6.478	25.566	85	187	5	10,5	8,3	1
12	679	33.330	85	180	5	12,0	9,1	1
13	1.028	27.050	74	182	2	11,5	7,9	1
14	846	30.750	89	195	2	10,3	8,5	2
15	448	30.850	84	175	4	12,5	9,0	1
16	353	36.450	96	180	4	10,0	10,2	1
17	768	36.500	95	195	2	10,5	8,6	1

DATEN ZUR QUERSCHNITTANALYSE (BLATT 2)

MODELL	ANZAHL DER IN DIESEM SEGMENT ANGEBOTENEN MODELLE DES SELBEN HERSTELLERS	HERSTELLERLAND (PUNKTZAHL)	MARKEN-IMAGE	RELATIVES MARKENINTERNES IMAGE	LEISTUNGS-/PREIS-VERHÄLTNIS BEI NACHBARMODELL(EN) VON i (x 1.000)
1	3	5	8	0,4	2,964
2	3	5	8	2,85	2,82
3	3	5	8	0,7	2,964
4	3	5	7,5	1,3	2,464
5	3	5	7,5	0,7	2,940
6	3	5	7,5	1,8	2,710
7	2	5	5	0,26	2,690
8	2	5	5	2,5	3,0
9	2	5	10	0,5	2,687
10	2	5	10	1,9	2,410
11	1	5	5	1,5	3,067
12	2	5	5	0,25	2,8
13	2	1,1	4	2,0	2,894
14	2	1,1	4	0,95	2,730
15	2	0,9	8	0,95	2,634
16	2	0,9	8	2,0	2,723
17	1	0,9	6,5	0,86	2,556

Anlage 3: Vollständiges Verzeichnis der Segmentzuordnung

HERSTELLER		SEGMENT 1	SEGMENT 2	SEGMENT 3	SEGMENT 4
AC	GB				3000 ME
ALFA ROMEO	I	Arna (=Datsun Cherry Europe)	Sprint Alfa 33 Giulietta/Alfa 75 Spider	GTV Alfa 90 Alfa 6 Alfa TI BR	
AMERICAN MOTORS	USA	Jeep CJ-7/CJ-8	Alliance (=Renault 9) Encore (=Renault 11)	Eagle	Jeep Wagoneer/Cherokee
ANADOL	TR		16		
ARO	R	10/24			
ASTON MARTIN	GB		Tickford Capri 2,8 T (= Ford Capri)		V 8 Lagonda
AVANTI	USA				Avanti II
BITTER	D		Rallye Roadster (= Opel Manta)	SC (= Opel Senator)	
BMW	D		316 - 325 e	518 - 535 i	628 CSi/635 CSi 728 i - 745 i
BRISTOL	GB			Alle Typen	
BRITISH LEYLAND	GB	Austin Mini Moke Austin Metro MG Metro Rover 200 (= Honda Ballade) Austin Maestro MG Maestro 1600	Montego MG Montego		Rover 2000 - 3500 Jaguar XJ/XJS Daimler 4,2 Daimler Double Six Daimler DS 420 Landrover Range Rover

HERSTELLER	SEGMENT 1	SEGMENT 2	SEGMENT 3	SEGMENT 4
CHRYSLER USA		Dodge Omni/Charger Plymouth Horizon/ Turismo (= Talbot Horizon)	Chrysler Le Baron/GTS Dodge Aries Plymouth Reliant "K" Dodge 600 Chrysler Laser Dodge Daytona Dodge Lancer Plymouth Caravelle	Chrysler New Yorker Dodge Diplomat "E" Plymouth Gran Fury Chrysler Newport/F.A. Dodge Ramcharger
CLENET USA				Series III
DE TOMASO I	Innocenti 3			De Tomaso Pantera De Tomaso Longchamp De Tomaso Deauville
EXCALIBUR USA				Series IV
FIAT I	Zastava 750/850 YU Fiat 126 Fiat Panda Moretti Panda Fiat 127 Fiat 147/Spazio BR/RA Zastava Yugo YU Fiat Uno I/BR Moretti Uno Fiat 128 RA Zastava 101 YU	Bertone X 1/9 Fiat Ritmo/Regata Lancia Delta/Prisma Bertone Ritmo Cabrio Polski-Fiat 125 P P Polonez P Pininfarina Spidereuro. Fiat Campagnola Lancia Beta/Trevi I/E Lancia HPE	Fiat Argenta Lancia Thema	Ferrari 308 GTB/GTS/GTO Ferrari 208 Turbo Ferrari Mondial Ferrari 400 i Ferrari Testarossa

HERSTELLER	SEGMENT 1	SEGMENT 2	SEGMENT 3	SEGMENT 4
FIAT I	Autobianchi A 112 Lancia A 112 Autobianchi Y 10 Lancia Y 10			
FORD USA	Ford Fiesta D/GB/E/B Ford Escort E/GB/D/ USA/BR/ZA Ford Orion D/E Mercury Lynx Ford EXP Ford Laser/Meteor AUS (= Mazda 323)	Ford Capri D Ford Corcel II BR Ford Del Rey BR Ford Sierra ZA/D/GB/ B/RA Ford Tempo Mercury Topaz Ford Telstar AUS (= Mazda 626)	Ford Mustang Mercury Capri Ford Falcon/Futura RA Ford Granada Ford Bronco Ford Scorpio D	Ford LTD Mercury Marquis Ford LTD Crown Victoria Ford Thunderbird Mercury Cougar Lincoln Town Car/ Continental/MK VII Mercury Grand Marquis Ford Falcon/Fairlane/ LTD/Fairmont AUS
GENERAL MOTORS USA	Opel Corsa D/E Vauxhall Nova GB Pontiac Acadian CAN Chevrolet Chevette USA/BR Vauxhall Chevette GB Pontiac 1000 Opel Kadett D Vauxhall Astra GB Chevrolet Sprint J Chevrolet Spectrum J Pontiac Firefly J (= Suzuki Swift)	Chevrolet Monza BR Opel Ascona D Vauxhall Cavalier GB Chevrolet Cavalier Pontiac 2000 Sunbird "J" Cadillac Cimarron Buick Shyhawk Oldsmobile Firenza Holden Camira AUS Isuzu Aska JAP Opel Ascona/Chevair ZA Opel Manta D	Pontiac Grand Am Oldsmobile Calais Buick Somerset Regal Chevrolet Citation II Buick Skylark "X" Chevrolet Celebrity Pontiac 6000 Oldsmobile Cutlass "A" Ciera Buick Century	Buick Regal Chevrolet Monte Carlo "T" Pontiac Bonneville/ Grand Prix Oldsmobile Cutlass Buick Riviera Cadillac Seville/ Eldorado " Holden Statesman AUS Oldsmobile Toronado

HERSTELLER		SEGMENT 1	SEGMENT 2	SEGMENT 3	SEGMENT 4
GENERAL MOTORS	USA	Holden Astra (= Nissan Cherry) AUS Holden Jackoroo AUS (= Isuzu Trooper)	Holden Gemini AUS (= Isuzu Gemini) Pontiac Fiero	Opel Rekord D/ZA Vauxhall Carlton GB Opel Commodore ZA Chevrolet Commodoro/ Opala/Diplomata BR Holden Commodore AUS Opel Senator/Monza D/ZA Chevrolet Camaro Pontiac Firebird "F" Chevrolet Blazer GMC Jimmy	Buick Le Sabre/ Elektra Cadillac De Ville/ "C Fleetwood Chevrolet Impala/ Caprice Oldsmobile Delta 88/9 Pontiac Parisienne Chevrolet Veranaio BR Chevrolet Corvette
GURGEL	BR	X - 12/Xef			
HINDUSTAN	IND		Ambassador Mark 4 Contessa		
HONDA	J	City/Jazz Civic/Ballade	Accord/Vigor Prelude		
HONGKI	TJ				Hongki
HYUNDAI	KO	Pony	Stellar		
ISUZU	J	Rodeo Bighorn/Trooper	Gemini (=Holden Gemini) Florian/Aska (=J-Car) Piazza		
LADA/SHIGULI	SU		Lada 1200 - 1600 Lada Niva		
LAFER	BR	MP Lafer			

HERSTELLER		SEGMENT 1	SEGMENT 2	SEGMENT 3	SEGMENT 4
LAMBORGHINI	I				Jalpa 3500 Countach
LOTUS	GB				Esprit Excel
MASERATI	I		Biturbo	.	228 Quattroporte
MAZDA	J	323 (Familia)	626 (Capella) RX-7 (Savanna)	929 (Luce)	
MERCEDES BENZ	D		DB 190 - 190 E 2,3-16	DB 200 - 300 D DB 200 T - 300 TD Turbo DB 230 CE - 280 CE DB 230 G - 300 GD	DB 280 S - 500 SEL DB 380 SEC - 500 SEC DB 280 SL - 500 SL
MITSUBISHI	J	Minica Colt/Mirage Lancer Fiore	Tredia/Cordia Galant/Eterna Starion Space Wagon/Chariot Jeep/Pajero	Debonair Executive	
MONTEVERDI	CH				Tiara
MORGAN	GB		4/4 1600 Plus 8		
MOSKVICH	SU	Alle Typen			
RELIANT	GB		Scimitar SS 1		Scimitar GTE/GTC
NISSAN (Datsun)	J	March/Micra Cherry/Pulsar/Langley/ Liberta (310)	Stanza/Auster Sylvia/Gazelle (200 SX) Bluebird (Maxima, 810)	Skyline Leopard/Leopard TR-X Laurel	President Patrol/Safari

HERSTELLER		SEGMENT 1	SEGMENT 2	SEGMENT 3	SEGMENT 4
NISSAN (Datsun)	J	Sunny (Sentra) Laurel Spirit Prairie YLN 311 SD RC	Fairlady Z		
PANTHER	GB		Kallista Solo		
PEUGEOT	F	Citroen 2 CV Citroen Mehari Citroen FAF Citroen Axel R Citroen Oltcit R Citroen Visa II Citroen LNA Peugeot 104 Peugeot 205 Talbot Samba	Citroen GSA Citroen BX Peugeot 305 Talbot 1510/Alpine F/GB Talbot Solara/Minx/ Rapier F/GB Talbot Horizon F/E Talbot Arrow GB Talbot Matra Murena Talbot Matra Rancho Paykan IR	Citroen CX Peugeot 504 F/RA Peugeot 505 F/RA/E	Peugeot 604
PORSCHE	D		924 944		911/911 Turbo 928 S
PUMA	BR		GTI/GTC		GTB-S 2
RENAULT	F	R 4 F/E/RA R 5 Rodeo R 5 F/E	R 12 RA Dacia R R 9/11 F/E/RA Fuego F/RA R 18 F/RA/USA Renault Espace Alpine V 6 GT/Turbo	R 25	

HERSTELLER		SEGMENT 1	SEGMENT 2	SEGMENT 3	SEGMENT 4
ROLLS-ROYCE	F				Alle Rolls-Royce Alle Bentley
SAAB	S		600 (=Lancia Delta)	90/900/9000	
SBARRO	CH		Replica BMW 328		Challenge Windhound/Windhawk
SEAT	E	Seat Panda (= Fiat Panda) Seat 127 Fura (= Fiat 127) Seat Ibiza	Seat Ronda/Malaga (= Fiat Ritmo/Regata) Seat 131 (= Fiat 131)		
SKODA	CS	105/130/Coupé Rapid 130			
STA. MATHILDE	BR				SM 4.1
STANDARD	IND	Gazel (=Triumph Herald)			
STEVENS	GB		Cipher		
STIMULA	F		Replica 55		
STUTZ	USA				Alle Modelle
SUBARU	J	Rex Justy	Leone		
SUPER SEVEN	GB		Super Seven		

HERSTELLER		SEGMENT 1	SEGMENT 2	SEGMENT 3	SEGMENT 4
SUZUKI	J	Fronte/Cervo/Alto Cultus/Swift Jimny			
SYRENA	PL	Syrena 105			
TATRA	CS				T 613
TOYOTA	J	Daihatsu Cuore Daihatsu Charade Toyota Starlet Toyota Tercel/Corsa/ Corolla II Daihatsu Taft Toyota Blizzard Daihatsu Rocky	Daihatsu Charmant Toyota Corolla/ Sprinter Toyota Corona/Carina Toyota Celica Toyota Celica Supra/XX Toyota Camry/Vista Toyota MR 2 Toyota Model F	Toyota Mark II Cressida Chaser/Cresta Toyota Soarer Toyota Crown Toyota Landcruiser Toyota Bandeirante BR	Toyota Century
TRABANT	DDR	601			
TSCHAIKA	SU				GAZ - 14
TVR	GB		Tasmin		
VOLGA	SU			GAZ-24/24-02	
VOLVO	S		340 - 360	240/740/760/780	

HERSTELLER	SEGMENT 1	SEGMENT 2	SEGMENT 3	SEGMENT 4
VOLKSWAGEN D	Käfer/Fusca MEX/BR Polo/Derby D/E Golf/Jetta D/USA Gol/Voyage/Parati BR Gacel RA	Scirocco Passat D/BR Audi 80/90/Coupé Santana/Quantum D/E/BR 1500 - M 1.8 RA (= Talbot Avenger)	Audi 100/Avant Audi 200	Audi Quattro
WARTBURG DDR	353 W			
ZAZ SU	968 M			
ZIL SU				114/117

STICHWORTVERZEICHNIS